BOTHO G. WAGNER

COLLECTIBLES

BOTHO G. WAGNER

COLLECTIBLES

VOM WERBEARTIKEL ZUM BEGEHRTEN SAMMLER-OBJEKT

WILHELM HEYNE VERLAG
MÜNCHEN

REDAKTIONSLEITUNG: ROSWITHA HEYNE

Bearbeitung: Elisabeth Blay
Umschlaggestaltung: Atelier Adolf Bachmann, Reischach

Copyright © 1998 by Wilhelm Heyne Verlag GmbH & Co. KG, München
Printed in Germany 1998
Layout und Herstellung: Andrea Cobré
Satz: DTP
Lithographie: Premedia, Wels
Druck und Bindung: Westermann Druck Zwickau GmbH

ISBN 3-453-13894-5

Inhalt

Rot und rund:
Das klassische
Emailschild mit der
»grünen« Flasche.

VORWORT

Coca-Cola-Collectibles –
Sammlerstücke rund um Coca-Cola

Werbefachleute nennen Coca-Cola das vielleicht bekannteste Warenzeichen der Welt. Tatsächlich gibt es weltweit wohl kaum einen Konsumartikel, der sich eines so hohen Bekanntheitsgrades erfreut und sich »pausenlos« neue Verbrauchermärkte erobert. Man kann Coca-Cola heute als Synonym des Markenartikels schlechthin bezeichnen. Unbestritten ist die Klarheit der Werbung, die nur eine Botschaft verkündet: »Trink Coca-Cola«.

Rund um das süße Alltags- und Kultgetränk ranken sich unglaublich viele Werbemittel in allen Ländern. Der markante Schriftzug und die symbolhafte Flasche fanden schon früh Eingang in die Kunst. Namhafte Künstler haben damit gearbeitet, so Andy Warhol oder Klaus Staeck. Kein Wunder also, daß auch Museen den Werbemitteln dieses Getränkeimperiums bald ganze Abteilungen gewidmet haben.

Ausgehend von den USA und meist angelegt von Grafikern oder Werbefachleuten, war somit auch der Weg zu großen Privatkollektionen geebnet. Ende der sechziger Jahre schwappte die Coca-Cola-Manie auf Europa über und heute gibt es auch hier Auktionen und Sammlermärkte rund um die Weltmarke Coca-Cola. »Coca-Cola-Collectibles« stehen vor allem bei jungen Leuten hoch im Kurs. Dabei spielt sicher auch das Identifikationsgefühl mit dem Getränk Coca-Cola mit, der Hang zum »American way of life«.

Coca-Cola-Werbung ist allgegenwärtig. Sie leuchtet von den Hausfassaden und ist durch und durch mit dem Sport verknüpft. Ob man es wahrhaben will oder nicht: Mit seiner Botschaft von der eiskalten Erfrischung ist Coca-Cola in fast alle Lebensbereiche eingedrungen. Schauen Sie sich einmal in Ihrem Haushalt um: Irgend etwas mit dem Coca-Cola-Signet finden Sie bestimmt. Vielleicht ein Glas, einen Flaschenöffner, einen Kugelschreiber ...? Wen wundert's, daß die Werbemittel einer solchen Marke gesammelt werden, zumal, wenn bekannte Museumsfachleute sie schon ganz »offiziell« als Trivialkunst bezeichnen. Es gibt Experten, die den Coca-Cola-Artikeln eine große Zukunft voraussagen –

»Always« – überall seit 1993.

ähnlich den Jugendstil- oder Art-déco-Stücken, die einst auch von »ernsthaften« Kunstliebhabern verschmäht wurden. Heute haben sie ihren Platz – und ihren Preis.

Das Sammeln von Werbeartikeln ist wahrlich nicht neu. Denken Sie nur einmal an die Liebig- oder Zigarettenbildchen. Mercedes-Werbemittel werden ebenso gesammelt wie die von BMW oder der Fluggesellschaften.

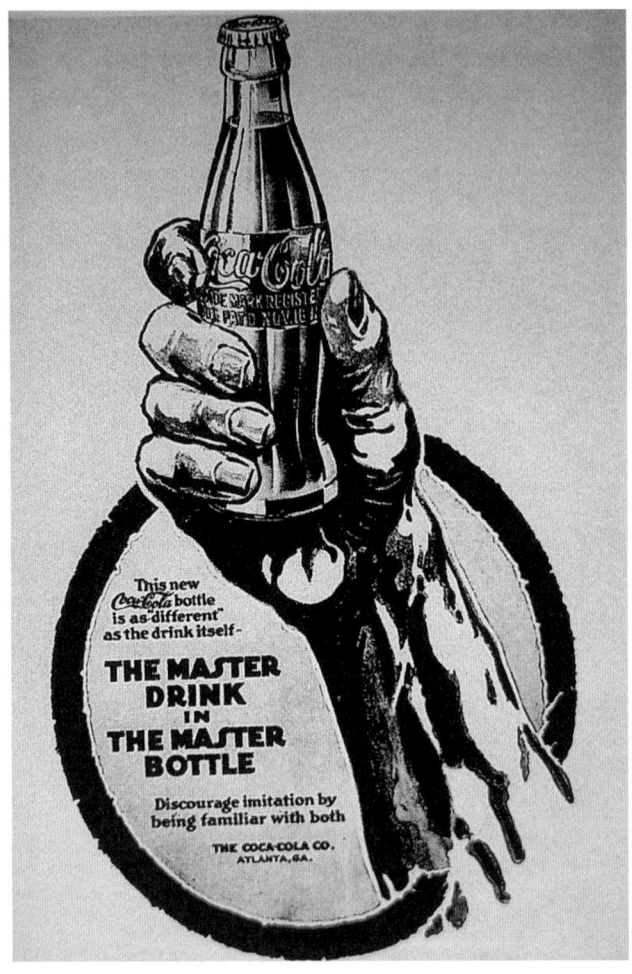

Anzeigenwerbung
von 1916.

Doch auch hier scheint Coca-Cola weit an der Spitze – auch im Sammlerwert.

Wer Werbeartikel von Coca-Cola sammelt, braucht nicht unbedingt einen Saal für seine Sammlung. Wenn dem aber so ist, dann um so besser. Denn es gibt auch gigantische Sammlerstücke wie etwa die Coca-Cola-Kühlautomaten. Wenngleich ein solcher Automat zur Freude der Besucher, seines Besitzers oder seiner Besitzerin, benutzt werden kann, so muß man solche Großmöbel nicht gerade in Serie sammeln. Schilder, Gläser, Flaschen und Zubehör tun es auch und brauchen doch deutlich weniger Platz. Wer sich allerdings mit den weltweit verbreiteten Coca-Cola-Collectibles befassen will, stößt ebenfalls schnell an seine Raumgrenzen.

Wie man weiß, zeigt sich gerade in der Beschränkung der wahre Meister – so auch auf diesem Gebiet. Schon manche grenzenlose Begeisterung ist schnell an der Masse gescheitert; die Qualität ist ausschlaggebend, nicht die Menge. Aus dieser Erkenntnis beschränke ich mich in diesem Buch vornehmlich auf Coca-Cola-Sammlerstücke aus den USA, dem Mutterland des Kultgetränks, und natürlich aus Deutschland.

Meine Erfahrungen, gesammelt auf Auktionen, Börsen und Sammlermärkten, wollen Ihnen den Einstieg erleichtern in dieses schöne Sammelgebiet – Coca-Cola-Werbung in nun schon über 110 Jahren.

Botho G. Wagner

Einleitung

Die Geschichte von Coca-Cola fasziniert nicht nur Sammler. Auch Unternehmer, Marketingfachleute oder Finanzexperten staunen immer wieder über die Entwicklung der nun schon über 110 Jahre bestehenden Getränkemarke:»The Coca-Cola Company« – so die offizielle Firmenbezeichnung – ist heute an der Börse eine der allerersten Adressen und der Coca-Cola-Schriftzug eines der weltweit bekanntesten Markenzeichen, vergleichbar beispielsweise mit der Shell-Muschel oder dem Mercedes-Stern. Es ist nicht so, daß es in Atlanta immer nur aufwärts gegangen wäre. Es gab auch Verluste oder Einbrüche. Doch diese wurden in der langen Firmengeschichte immer wieder schnell ausgebügelt – weiter ging es zu neuen Ufern. Nicht zuletzt ist es gerade diese Zielstrebigkeit, die uns an der Geschichte von Coca-Cola fasziniert.

Apotheker Pemberton in Atlanta hat wohl nicht einmal geahnt, wie berühmt eine seiner zahlreichen Mixturen werden sollte, die er im Jahr 1886 bereits»Coca-Cola« nannte. Lehrer Candler, der nach Pembertons Tod die Rechte an dessen Rezepten erwarb, legte mit Gründung von»The Coca-Cola Company« dann den Grundstein für den späteren Welterfolg. Unter Candlers Ägide kam es 1916 zur Einführung der charakteristischen Konturenflasche, die noch heute als Imagebaustein erster Güte zu bezeichnen ist. Doch erst nach dem Verkauf der Gesellschaft durch die Familie Candler gelang letztlich der Durchbruch: Der neue Chef,

Robert Winship Woodruff, prägte in den zwanziger Jahren das heute gültige Erscheinungsbild der Marke. Woodruff gründete die weltweit agierenden Auslandsabteilungen, und die Coca-Cola-Philosophie breitete sich über den Globus aus. Im Zweiten Weltkrieg wurde Coca-Cola von der US-Regierung sogar als »kriegswichtig« eingestuft, die Abfüllfabriken folgten der Kampftruppe auf dem Fuß.

In Deutschland war Coca-Cola zwar schon vor 1929 bekannt, mit der Produktion begann die deutsche Niederlassung in Essen aber erst in diesem Jahr. Es war ein bescheidener Anfang. Doch unter ihrem späteren Geschäftsführer Max Keith verkauften zehn Jahre später 15 gesellschaftseigene Abfüllstationen und 27 selbständige Konzessionäre rund 108 Millionen Flaschen an die Deutschen. Dann kam der Zweite Weltkrieg und die Produktion von Coca-Cola mußte aufgrund des Zuckermangels 1942 eingestellt werden. In Essen hatte man, diese und andere Probleme ahnend, bereits 1940 reagiert: Mit dem (fast) zuckerfreien FANTAsie-Produkt »FANTA« hielt sich die Coca-Cola-GmbH mit ihren Konzessionären bis nach 1945 »über Wasser«.

Erst lange nach der Währungsreform war Coca-Cola dann im Oktober 1949 auch wieder für die Deutschen verfügbar. Das Problem, auch noch Jahre nach dem Krieg: Zucker blieb bis in die fünfziger Jahre in Deutschland rationiert.

Der anschließende rasche Wiederaufstieg von Coca-Cola in Deutschland wird in diesem Buch ebenso ausführlich dargestellt wie die Markengeschichte in den USA. Weltweit ist das Unternehmen heute in rund 200 Ländern tätig, also weltumfassend.

**Outfit der Coca-Cola-
Verkäufer nach
Robert W. Woodruffs
Vorstellungen.**

Coca-Cola
und seine Historie

So fing es an:
Coca-Cola und sein Erfinder –
Die Pemberton Story

Der Apotheker (»Pharmacist«) John Styth Pemberton (1833-1888) mischte im Jahr 1886 in Atlanta, im US-Bundesstaat Georgia, ein aromatisches Elixier, dessen heutige Version unter dem Namen »Coca-Cola« welt-bekannt geworden ist. Pemberton hatte zuvor schon verschiedene Säfte in seinem Angebot, die sich gut ver-kauften, so einen Coca-Cola-Vorläufer namens »French Wine Coca«, offeriert als Nerventonikum. Ei-gentlich hatte Pemberton ge-gen jede Art von Zipperlein etwas im Angebot, Allheil-mittel gegen jegliche Be-schwerden. Von seinem neuen Elixier versprach er sich und seinen Kunden ei-ne belebende Wirkung bei Kopfschmerzen und De-pressionen oder ganz schlicht bei Antriebs-schwäche – und wer hatte die nicht gelegentlich? Pem-bertons Argumente sprachen die Menschen im heißen Süden der USA an – und sie empfanden wohl auch die verheißene Labung. Ganz sicher war das so, denn der »Ur-Sirup« soll aus Geschmacksingredienzien von Früchten und Kräutern bestanden haben, dazu viel Zucker, etwas Phosphorsäure, Extrakte des Koka-strauchs und schließlich solche der koffeinhaltigen

Er schuf den Schriftzug: Frank M. Robinson, Pembertons Buch-halter.

Kolanuß. Diese Tatsache wurde nie verheimlicht, sie resultiert allein schon aus dem Markennamen »Coca-Cola«.

Die belebende Wirkung von Kokain und Kola war durchaus bekannt, und so nannten die Arbeiter auf den Baumwollfeldern später auch den mit kaltem Coca-Cola heranrollenden Verpflegungswagen schlicht »dope-wagon«. Etwas »dope« durfte schon sein, es gab ja noch kein Lebensmittel- oder gar Drogengesetz. Das Verbot kam erst später, im Jahr 1906, und damit sicher auch eine Änderung im ursprünglichen Rezept, das angeblich schwerbewacht im Safe des Coca-Cola-Headquarters in Atlanta liegt. Der Code: Geheimformel »X7« – tatsächlich!

Der Überlieferung nach soll Pemberton seinen späteren Coca-Cola-Sirup im Hof seines Hauses »in einem Messingkessel mit drei Beinen« angerührt haben. Weshalb im Hof? Eine Explosion mußte er bei dieser Zusammensetzung doch wohl kaum befürchten – oder vielleicht doch? Als »Erfindungstag« der später so erfolgreichen Mixtur gilt der 8. Mai 1886. »Doc« Pemberton, er praktizierte wohl auch als Arzt, lieferte seinen Sirup an die sogenannten »Soda-Fountains« im Umkreis. Das waren meist in Drugstores integrierte Erfrischungstheken oder auch eigenständige Saloons. Dort wurde der dicke Coca-Cola-Sirup mit »carbonated water«, be-

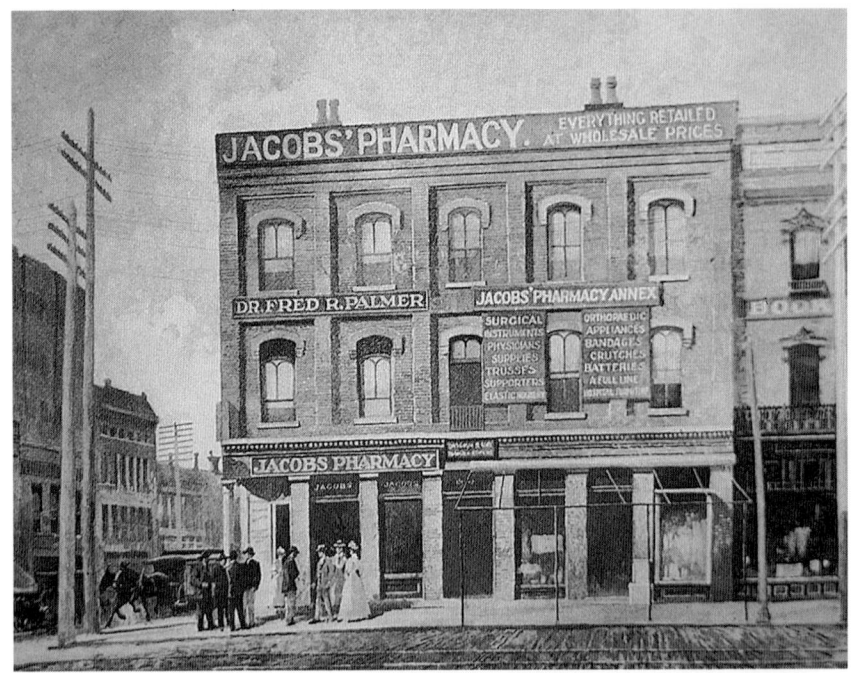

kannt als Selter oder Soda, mit Kohlensäure versetzt, reichlich verdünnt getrunken.

Jacobs' Pharmacy: Hier gab es zuerst Coca-Cola.

Der wohl tatsächlich erste öffentliche Ausschank erfolgte unmittelbar in Pembertons Nachbarschaft, in »Jacobs' Pharmacy«. In dieser »Apotheke« gab es damals bereits eine große Sodabar, wie aus alten Fotografien bekannt ist. Jacob war vermutlich Pembertons erster (Großhandels-) Kunde. Bei ihm kostete Coca-Cola damals trinkfertig, gemischt aus Sirup und Wasser (die Kohlensäure war zu dieser Zeit noch nicht im Spiel), die »erfrischende Labung«, wie Jacob das Getränk nannte, pro Glas fünf Cent. Ein Preis übrigens, der für eine Flasche Coca-Cola in den USA und bei der Army in Übersee noch lange nach dem Zweiten Weltkrieg galt.

Der Name Coca-Cola geht auf ein Gespräch zwischen Pemberton und seinen Mitarbeitern Holland, Doe und

Robinson zurück. Buchhalter Frank Robinson zeichnete dann den später weltberühmten Schriftzug in der damals recht populären »Spencerian«-Schrift.

Am Sonntag, dem 29. Mai 1886, wurde Coca-Cola erstmals als fertiges Getränk in einer Anzeige im »Atlanta Journal« angeboten. Die Schlagworte dieser ersten Anzeige: »Delicious! Refreshing! Exhilarating! Invigorating!« – Köstlich! Erfrischend! Anregend! Stärkend! Die beiden erstgenannten Eigenschaften werden bekanntlich noch heute in der Werbung eingesetzt. Zu haben war der neue Drink bei Willies Venable und bei Nunnally & Rawson in Atlanta. Im gleichen Jahr noch wurden die Marke Coca-Cola und der Schriftzug als Warenzeichen geschützt.

Der Umsatz schien bescheiden anzulaufen, doch 1887 erkrankte Pemberton ernsthaft. Es stellten sich rasch wirtschaftliche Probleme ein – Pemberton galt als Erfinder ohne Geschäftssinn – und er verkaufte bereits Gewinnanteile an seinem Sirupgeschäft. John Styth

... und so modern sah es innen aus. Die Sodabar in Jacobs' Pharmacy.

Pemberton verstarb am 16. August 1888, und Asa Griggs Candler übernahm die alleinige Herstellung aller Pemberton-Mixturen; 2300 Dollar soll er damals dafür bezahlt haben. Mit dem neuen Inhaber begann dann der schnelle Aufstieg von Coca-Cola. Und damit beginnt der Erfolgsstory zweiter Teil.

Die erste Außen-
werbung zur Zeit von
Jacobs' Pharmacy
1886.

Der Weg zur Coca-Cola Company: Von Candler zu Woodruff

Methodist Asa Griggs Candler hatte bisher an einer Sonntagsschule unterrichtet, entwickelte aber schnell sein offenbar schlummerndes kaufmännisches Talent. Im Jahr 1890 verkaufte er alle anderen Geschäftssparten aus dem ehemaligen Pemberton-Besitz und konzentrierte sich ganz auf das prosperierende Geschäft mit Coca-Cola. Am 29. Januar 1892 wurde dann die »Coca-Cola Company« in Atlanta/Georgia gegründet, mit fünf weiteren Investoren als Direktoren und Candler als Vorstand. Um sich besser vor der aufkommenden Konkurrenz zu schützen, ließ er im Jahr 1893 Coca-Cola als US-Patent registrieren. Der Umsatz der Coca-Cola Company stieg ständig: Konnte Pemberton im Startjahr 1886 gerade mal 25 Gallonen Sirup verkaufen, so steigerte sich die Coca-Cola Company sieben Jahre später, 1893, bereits auf 50 000 Gallonen. Noch immer beschränkte sich der Verkauf allein auf Sirup an die Soda-Fountains, wo dieser auf Trinkqualität verdünnt wurde, mit oder ohne Zusatz von Kohlensäure.

Erster Flaschenabfüller wurde 1894 die Firma Biedenharn Candy Company in Vicksburg im US-Bundesstaat Mississippi. Als Füllrechte auch an Thomas und Joseph Whitehead in Tennessee vergeben wurden, kam die Idee auf, Abfüllstationen nach dem Franchisesystem überall in den USA zu errichten. Bei diesem System sind selbständige Abfüller und Betreiber mit der Muttergesellschaft verbunden und übernehmen die Rezepte und das Rundum-Design. Heute bekannte Beispiele aus anderen Branchen: Die Hilton-Hotel-Gruppe oder die Fast-Food-Ketten, zum Beispiel McDonalds oder Burger King, die vor Ort von selbständigen Unternehmern geführt werden.

Die Vorteile des Franchisesystems damals für die Coca-Cola Company: Damit wurde die Möglichkeit eröffnet, Coca-Cola nicht nur öffentlich in den Soda-Fountains, Drugstores oder Bars anzubieten, sondern auch privat, an jedem Ort und zu jeder Zeit.

Es war ein Glücksgriff mit der bis heute noch prinzipiell gültigen Konturenflasche, datiert auf den 16. November 1915. Davor wechselte die Coca-Cola-Flasche mehrfach ihre Form.

Er ebnete den Weg: Asa Griggs Candler.

Die Zusammensetzung des Sirups hatte sich unter dem Einfluß des amerikanischen Drogengesetzes von 1906 deutlich geändert. Das Getränk war nun »clean« und entsprach damit auch der Zeitströmung des amerikanischen Puritanismus. Doch die große Zeit für Coca-Cola sollte erst noch kommen: die Prohibition, das allgemeine Alkoholverbot 1920 in den USA, das über zehn Jahre dauerte.

Asa Griggs Candler war ein reicher Mann geworden, als es ihn 1916 in die lokale Politik zog: Candler wollte Bürgermeister von Atlanta werden. Seine Familie hielt weiterhin die Anteile an der Coca-Cola Company, verkaufte diese jedoch am 13. September 1919 für satte 25 Millionen Dollar an ein Konsortium von drei Banken unter der Führung von Ernest Woodruff. Neben den

2300 Dollar, die Candler einst für Pembertons Fabrikation bezahlt haben soll, werden seine späteren Investitionen in das Coca-Cola-Projekt in Chroniken mit rund 50 000 Dollar beziffert. Eine gute Verzinsung, wenn man den späteren Erlös seiner Familie dagegenstellt.

Um 1921/22 fiel der Umsatz der Company drastisch, es kam zu hohen Verlusten. Die Banken ersetzten deshalb den bisherigen Topmanager Samuel Dobbs, den Neffen von Asa G. Candler, durch den erst 33jährigen Robert Winship Woodruff, den Sohn von Bankchef Ernest Woodruff. Robert W. Woodruff war zuvor bereits – trotz seiner jungen Jahre – als Manager in der Automobilindustrie tätig.

Schon unter Candler hatte die Standardisierung des Produkts und seiner Erscheinungsform begonnen, unter Woodruff wurde sie zum Firmencredo. Alles, was mit Coca-Cola zu tun hatte, die Flaschen, Gläser, das Erscheinungsbild der Lieferwagen, die Uniformen der

Eine Abfüllanlage um 1890.

Fahrer und Verkäufer, die Werbung, kurz, das gesamte
Umfeld der Marke wurde einem einheitlichen Erschei-
nungsbild unterworfen. Ein eigens dazu gegründetes
»Standardisierungskomitee« wachte und wacht noch
immer über die weltweite Einhaltung dieser Coca-
Cola-Norm.

Als Robert W. Woodruff das Kommando in Atlanta
übernommen hatte, gehörte zu seinen ersten State-
ments die programmatische Erklärung, es dürfe »auf
der Erde keine geographischen oder kulturellen Brei-
tengrade geben, die nicht an den Segnungen (!) von
Coca-Cola teilhaben«. Woodruff gründete demzufol-
ge gleich zwei eigenständige Tochtergesellschaften:
das »Auslands-Departement« und die »Coca-Cola

Export-Corporation«, mit der Aufgabe, die überseei-
sche Ausbreitung des Soft Drinks weltweit zu organi-
sieren.

Noch in den zwanziger Jahren, dem ersten Jahrzehnt
der Woodruff-Ära, kam Coca-Cola nach Deutschland,
Frankreich, Italien und in viele andere Länder der Erde,
sogar bis nach China. Von 1928 bis 1949 bestanden
dort zwei Niederlassungen und Coca-Cola wurde in
vier Großstädten verkauft, allerdings nicht in Peking,
der damaligen Kaiserstadt. Probleme gab es mit der

**Ein früher
»Sirupmeister« prüft
das Ergebnis.**

Übertragung des Namens Coca-Cola in chinesische Schriftzeichen. Das muß, wie Chronisten berichten, gründlich mißlungen sein. Später engagierte die Gesellschaft einen Sinologen, der dann ein brauchbares und auch heute wieder gültiges Schriftbild festlegte. Helmut Fritz stellte in seinem Buch (siehe S. 248) fest: »Spricht man das neue Zeichenbild auf chinesisch aus, so klingt es tatsächlich von ferne wie Coca-Cola, meint aber inhaltlich »Dose Mund – Dose Glück«. Wie passend, kann man da aus heutiger Sicht nur sagen.

Woodruff prägte auch die drei grundlegenden und heute noch voll gültigen Geschäftsprinzipien der Coca-Cola Company:

1. Verlangt wird grundlegende Loyalität dem Produkt gegenüber.

2. Keine Übernahme von ähnlichen, konkurrierenden Produkten.

3. Jedermann, der mit Coca-Cola verbunden ist, soll gutes Geld verdienen.

Mit diesen Prinzipien und eindringlichen Slogans gelang Coca-Cola der Durchbruch auf internationaler Ebene. Allerdings hatte Coca-Cola bereits im Jahr 1896 erstmals die Grenzen Amerikas überschritten: Die süße Limonade wurde damals schon in Kanada, Kuba und Hawaii angeboten.

Im Jahr 1928 wurde zum ersten Mal mehr Coca-Cola in Flaschen verkauft als in den angestammten Soda-Fountains in Amerikas heißem Süden. Das war ein Erfolg der »Bring the Coca-Cola home«-Kampagne. Die ersten Coca-Cola-Automaten wurden 1930 aufgestellt und brachten die Flaschen wieder ein Stück näher an die Verbraucher heran.

Die Einführung der Flasche mit dem Kronenkorken um 1905, die Prohibition in den USA (1920-1933) und damit *die* Chance für das alkoholfreie Getränk Coca-Cola, die Verbreitung der Kühlschränke in den frühen dreißiger Jahren, um Coca-Cola stets »eiskalt« bereitzuhalten, waren Meilensteine auf dem Weg zum weltweiten Erfolg.

Die Woodruff-Ära dauerte bis zum Jahr 1958. Bis zu seinem Tod im Alter von 95 Jahren, am 7. März 1985, gehörte Robert Winship Woodruff ehrenhalber dem Aufsichtsrat der Coca-Cola Company an.

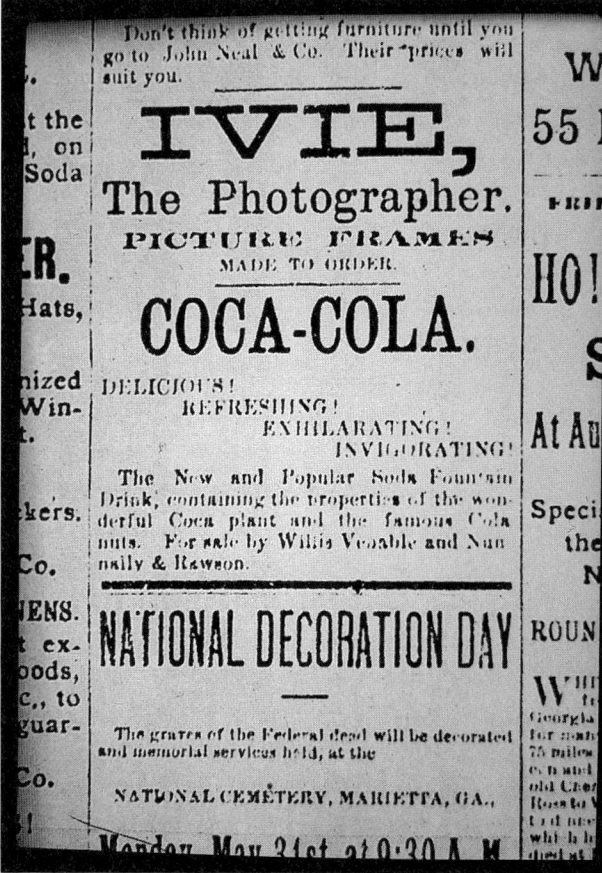

Die wohl erste Zeitungsanzeige für Coca-Cola vom 29. Mai 1886.

Coca-Cola
im Zweiten Weltkrieg

Man mag es drehen, wie man will, Coca-Cola war nicht nur in der Heimat »wichtig für die Kriegswirtschaft« der USA. Und so wurde die Limonade auch ganz offiziell eingestuft. Damit verbunden war die Sicherstellung des Zuckerbedarfs – zu dieser Zeit ein großes Privileg. Coca-Cola hob die Moral der Truppe an der Front. Dafür gibt es viele ernstzunehmende Berichte, sogar aus der Gefangenschaft, wo der bloße Anblick einer Coca-Cola-Reklame aus der Vorkriegszeit für den Durchhaltewillen der GIs sorgte.

Mit der offiziellen Einstufung »wichtig für die Kriegswirtschaft« genoß die Coca-Cola Company über die Zuckerzuteilung hinaus weitere Privilegien. So wurden beispielsweise Coca-Cola-Kisten zusammen mit Munition und Waffen an die Fronten verschifft oder im Flugzeug befördert. An allen Frontabschnitten war Coca-Cola für die Soldaten verfügbar – und die Abfüllstationen folgten den Kisten nach. Hinter den Frontlinien sorgten über 160 technische Mitarbeiter der Company, im Armee-Jargon »Coca-Cola-Colonels« genannt, dafür, daß das Erfrischungsgetränk auch vorrätig war.

Begonnen hat dieses gigantische, militärisch organisierte Versorgungsunternehmen mit dem berühmten »Eisenhower Cable« vom 29. Juni 1943: General »Ike« Dwight D. Eisenhower, der spätere US-Präsident und Freund von Coca-Cola-Boss Robert Woodruff, war gerade in Nordafrika gelandet, da bestellte er per Telegramm in der Heimat für seine Truppe drei Millionen

Das berühmte Eisenhower-Telegramm aus Afrika. Heute ein Schatz im Coca-Cola-Museum in Atlanta.

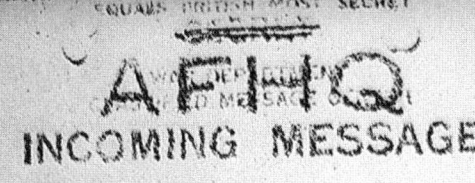

AFHQ
INCOMING MESSAGE

INM

filed 291052B

AFSC # 282/30
3003298
Agt

NATOUSA MESSAGE

ROUTINE

FROM   SOS NATOUSA SIGNED LARKIN

TO   PENDANT RPT FOR INFO TO CG NATOUSA

NO.   L-8096 - P-46 June 29, 1943

On early convoy request shipment three million bottled
Coca-Cola, (filled), and complete equipment for bottling, washing
capping same quantity twice monthly. (CITE GSQNC-599). Preference
as to equipment is 10 separate machines for installation in
different localities, each complete for bottling twenty thousand
bottles per day. Also sufficient syrup and caps for 6 million
refills. Syrup, caps and sixty thousand bottles monthly should
be an automatic supply. Monthly shipment bottles is to cover
estimated breakage and losses. Estimate ship tons initial shipment
3 thousand . Ship without displacing other military cargo. Data
available here very meager as to these installations and operations.
Request they be checked by fully qualified sources and this
Headquarters advised promptly recommended installation to meet
the two hundred thousand bottle daily demand and when same can
be shipped. Destination later.

ACTION: QM

INFORMATION: SOS
                G-4
                DTC
                M & TM
                SPEC SERV
                AG RECORDS
                SUMMARY

REGRADED UNCLASSIFIED
ORDER SEC ARMY BY TAG # 6 0 □ 1

MC IN 13331   30 June 43   1330P   Ref No. L-8096   rht

COPY No.

gefüllte Flaschen Coca-Cola, Sirup und zehn Abfüllmaschinen mit je einem täglichen Ausstoß von 20 000 Flaschen, also rund 200 000 Flaschen pro Tag! Dazu Kronenkorken und leere Flaschen für sechs Millionen
Nachfüllungen ... Diese Lieferung war nur der Anfang.
Im Laufe der Zeit kamen 64 Abfüllstationen – das waren Fabriken! – an die Frontlinien in Übersee. Mehr als
fünf Milliarden Flaschen Coca-Cola tranken die GIs
während des Krieges. Diese von offizieller Seite sehr
geschätzte »moralische Aufrüstung der Truppe« wurde
von der Coca-Cola Company in der Heimat mit einer
groß angelegten patriotischen Anzeigenserie begleitet.

**Army und Coca-Cola;
aus den vierziger
Jahren.**

Beispielsweise mit dem Slogan »The pause that boosts moral«. Aus der Pause, die erfrischt, wurde hier die Pause, die die Moral der Truppe hebt. Es gab viele Werbebilder militärischer Art, verbunden mit Coca-Cola. Aber auch die Ehefrau zu Hause in den USA, das Baby auf dem Arm und den Kinderwagen vollgeladen mit Coca-Cola-Flaschen, jubelte: »He's coming home tomorrow« – Morgen kommt er heim!

Spätestens seit dem Zweiten Weltkrieg war Coca-Cola identisch mit Amerika. Und als der Krieg zu Ende ging, hatten die GIs mit ihren Jeeps Coca-Cola rund um die

Welt gefahren. Überall standen die Abfüllstationen, nun dazu bestimmt, bald die zivile Bevölkerung mit dem »typisch amerikanischen« Soft Drink zu versorgen. Die Eroberung der Märkte, die oft auch mit der Verdrängung angestammter Marken verbunden war, konnte beginnen.

Die Deutschen mußten noch bis 1949 warten, doch dann »ging es rund«. Denn der Boden war bereitet: Das Bild vom Coca-Cola trinkenden GI war allgegenwärtig und die überwiegend proamerikanische Haltung der Deutschen, insbesondere der Jugend, tat das übrige. Coca-Cola was back!

Atlanta, 8. Mai 1986: 100 Jahre Coca-Cola
Die Party des Jahrhunderts

Typisch amerikanisch, typisch Coca-Cola:
Eine Feier, wie sie die Welt noch nicht gesehen hatte.
Und gleichzeitig wurde intensiv über Geschäfte gesprochen.

Der Bericht im »Coca-Cola-Journal«, Heft 3/86, sagt alles: »»Hätten wir freie Wahl gehabt, wir hätten uns keinen besseren Zeitpunkt für dieses Fest aussuchen können. Unsere Verkaufszahlen, unser Marktanteil, der Wert unserer Aktien sind so hoch wie nie zuvor.‹

Nostalgie im Jubeljahr 1986. Diese stolze Bilanz zog Roberto C. Goizueta, Chairman of the Board und Chief Executive Officer The

Coca-Cola Company, auf der Abschlußveranstaltung im Georgia World Congress Center. 12 700 Gäste aus 125 Ländern hatten sich zum Gala-Finale der Hundertjahrfeier im Kongreßzentrum versammelt, dem ›Hauptquartier‹ der Centennial Celebration.

Auf einer Fläche, die der Größe von 18 Fußballfeldern entspricht, präsentierten sich Geschichte und Gegenwart der Marke Coca-Cola in reizvoller Verbindung. Mit einem Drink aus ›Jacobs' Pharmacy‹ – die Verkaufstheke dieser ersten ›Soda-Fountain‹ war originalgetreu nachgebaut worden – erlebten die Besucher 100 Jahre Werbung in Bild und Ton, bis zur Ausstellung der modernsten Technik auf dem Getränkesektor.

In diesem Szenario fand dann ein Fest statt, dessen künstlerisch-kulinarische Dimension alles bis dato Erlebte in den Schatten stellte und auch die Presse zu einer ungewöhnlichen Anhäufung von Superlativen bewegte.

Für Schlagzeilen sorgte dabei das ›Intercontinental Domino Topple‹: In sechs Städten, verstreut über alle Kontinente, waren 650 000 Dominosteine aufgebaut worden, um anschließend in einem 40minütigen Rausch zu fallen. Die durch Satellitensignale ausgelöste Kettenreaktion begann in Atlanta: Als dort der Schlußstein aus Serie 1 kippte, setzten sich die Dominos in

Die goldene Jubiläums 100 aus dem Jahr 1986.

Rio de Janeiro in Bewegung. Über London, Nairobi, Tokio und Sydney ging es zurück ins Centennial Center, wo Serie 2 den ›Topple‹ beendete.

Höhepunkt des per Satellit übertragenen Schauspiels war ein Glückwunsch – geschrieben im Rhythmus von hunderttausend fallenden Dominos.

›Bleiben wir unserem Erbe treu‹

Donald R. Keough, Präsident und Chief Operating Officer der Gesellschaft, beschwor in einer ebenso temperamentvollen wie bewegenden Rede den Geist der gemeinsamen Zukunft. ›Bleiben wir unserem Erbe treu‹, rief er den Konzessionären zu. ›Verstehen wir es als Auftrag, dieses Geschäft im zweiten Jahrhundert seines Bestehens noch leistungsfähiger zu machen.‹ Patentrezepte könne und wolle er nicht liefern, fuhr Keough fort, wohl aber den umgekehrten Weg gehen und ein paar klassische ›Fallstricke‹ aufzeigen.
›Erfolg ist ein zweischneidiges Schwert. Er kann beflügeln, aber auch lähmen. Er bringt Versuchungen mit sich, denen es nach Kräften zu widerstehen gilt. Lassen Sie mich einige nennen:

- Altbewährte Erfolgsformeln ohne Rücksicht auf den Wandel im Markt fortschreiben.
- Kein Risiko eingehen. Das ist bequem, aber auch der sicherste Weg, über kurz oder lang ein ganzes Geschäft zu riskieren.
- Mittel und Kräfte, die im Coca-Cola-Geschäft benötigt werden, in andere Projekte zu investieren. Das hat schon zu einer Reihe recht spektakulärer Begräbnisse geführt.
- Den persönlichen Kontakt zum Kunden vernachlässigen. Wer darauf vertraut, daß er die Wünsche und

Bedürfnisse seiner Kunden ein für allemal kennt, täuscht sich gewaltig. Er kennt sie eben nicht – es sei denn, er bleibt ständig auf Tuchfühlung.‹

Donald Keough schloß mit den Worten: ›Sie, die Konzessionäre in aller Welt, werden das zweite Jahrhundert des Coca-Cola-Geschäfts gestalten. Sie bestimmen die Zukunft des Werkes, für das unsere Vorgänger die Fundamente gelegt haben. Ich bin sicher, daß Sie diese Verantwortung mit Stolz und Hingabe tragen. Und ich freue mich, Sie auf dem Weg zu neuen Erfolgen Schritt für Schritt begleiten zu können.‹

»Betty« von 1914. Porträt auf Plakaten und Tabletts.

Aufgaben und Ziele

Der Abschlußveranstaltung waren mehrere internationale Konferenzen im Omni Coliseum vorausgegangen. Claus M. Halle, Senior Executive Vice President der Gesellschaft, präsentierte das unter seiner Leitung stehende internationale Getränkegeschäft und betonte dabei die Bedeutung der fünf führenden Länder, darunter Deutschland, die 49 Prozent des weltweiten Umsatzes bringen.

Für die künftige Arbeit nannte Halle vier Ziele:
1. Die Entwicklung der Verbraucher-Nachfrage.
2. Den Ausbau der Kundenbeziehungen.
3. Die Straffung der Gesamtorganisation und damit auch des Abfüllernetzes.
4. Die Berücksichtigung nationaler Gegebenheiten und Wünsche.

Im Mittelpunkt der Ausführungen von Klaus Püttner, Senior Vice President und Leiter der Europe and Africa Group, stand die Zusammenarbeit mit Großkunden. ›Sie werden für unser Geschäft immer wichtiger. Sie bestimmen den Trend am Markt. Es gehört zu unseren vordringlichen Aufgaben, die Struktur des Geschäfts mit Großkunden zu optimieren.‹

Ein Meisterwerk als Gastgeschenk

›Auf den ersten Blick sieht es aus wie ›The Real Thing‹, eine ganz normale 0,2-Liter-Flasche Coca-Cola.‹ So begann die ›Atlanta Constitution‹ ihren großen Bildbericht über ein Objekt, das sich bei näherer Betrachtung als Meisterwerk der Steinschleiferkunst entpuppte.

Der Körper des vermeintlichen Originals besteht aus Rauchquarz; Hals und Fuß der Flasche wurden aus Bergkristall gearbeitet. Den Kronkorken aus 18karätigem Gold schmücken 100 Brillanten – einer für jedes Jahr – und die Gravur ›1886-1986‹.

Die verblüffend detailgetreue Replik kommt aus einer berühmten Werkstatt in Idar-Oberstein. Ihr Schöpfer, Manfred Wild, dessen Arbeiten in vielen Museen und Privatsammlungen zu finden sind, entstammt einer bekannten Kunsthandwerkerfamilie, die schon den Zarenhof belieferte.

Der 42jährige Künstler brauchte mehr als sechs Monate, bis er einen Rauchquarzblock in der richtigen Farbe fand und ans Werk gehen konnte. Natürliche Einschlüsse im Material plazierte er so geschickt, daß sie wie Gebrauchsspuren wirken. Die perfekte Ausformung des Schriftzugs gelang ihm mit Hilfe alter Gravurtechniken. Klaus Mäurers, Präsident des Industriellen Vereins, überreichte Roberto C. Goizueta dieses erlesene Geschenk als Jubiläumsgabe der deutschen Konzessionäre. Die Flasche mit dem funkelnden Verschluß kann heute an exponierter Stelle bewundert werden: Sie steht vor dem Büro des Chairmans.

Die große Parade

Nach drei Tagen mit pausenlosem Festprogramm, einer langen Reihe von Parties in den verschiedenen Hotels und einem öffentlichen ›Sing-in‹ unter Mitwirkung von Bürgermeister Andrew Young, erlebte ganz Atlanta die mit Spannung erwartete ›Parade down Peachtree‹.
300 000 Menschen säumten den Weg des Festzuges, um das Defilee von über 100 Show-Wagen, Marschkapellen und Majoretten-Corps mitzuerleben.
›Ein Umzug, der dem Düsseldorfer Karneval zur Ehre gereicht hätte‹, schwärmte das sonst vorrangig an Wirtschaftsthemen interessierte ›Handelsblatt‹. Ein größeres Kompliment aus deutscher Feder ist wohl kaum denkbar.«

Soweit der Originaltext.
Dieser Bericht aus Atlanta enthält eine Fülle von Informationen, die das Geschehen um Coca-Cola im nächsten Jahrzehnt bestimmten.

Die Episode mit dem »New Coke«

Es war im Jahr 1985, als man im Coca-Cola Headquarter in Atlanta die Luft anhielt: Man hatte den Geschmack von Coca-Cola verändert und die Verbraucher vorher nicht richtig informiert. Die Folge: Die Amerikaner machten nicht mit. Sie wollten Ihr »altes« Coca-Cola zurück. Und sie bekamen es zurück: als »Coca-Cola Classic«.

Peter Zec, Initiator der wohl bisher in Europa größten Ausstellung zur Coca-Cola-(Werbe-)Geschichte, »Mythos aus der Flasche« (siehe S. 248), beschrieb im Begleitbuch zu dieser Ausstellung die unvorhergesehene Reaktion und die Kehrtwendung sehr plastisch:

»Es war der 10. Juli 1985, als der amerikanische Fernsehsender ABC eine Seifenoper unterbrach, um Amerika die Neuigkeit über die Wiederkehr des meistgetrunkenen Erfrischungsgetränkes der Welt zu verkünden. Das Ergebnis löste wahre Begeisterungsstürme in der Bevölkerung aus: ›Gott wirkt auf geheimnisvolle Weise, und ich danke ihm, daß er meine Gebete, die ›echte‹ Coke zurückzubringen, erhört hat.‹

Rund 18 000 Dankesanrufe dieser oder ähnlicher Art gingen noch am selben Tag im Coca-Cola-Headquarter in Atlanta ein. Eine 91 $\frac{1}{2}$ Jahre alte Person teilte mit: ›Ich bin höchst erfreut, daß Sie

Der Stein des Anstoßes in der Dose: »New Coke« 1985.

heute bekanntgegeben haben, daß ich wieder die Coca-Cola, die ich seit 1909 trinke, erstehen kann.‹ Und eine 68jährige Frau bedankte sich für die Rückkehr des heißgeliebten, eiskalten Soft Drinks mit dem Kommentar: ›Nur Sex ist besser!‹«

Mit einer solchen Begeisterung für das scheinbar veraltete Produkt hatte im Headquarter in Atlanta wohl keiner gerechnet, zumindest keiner aus der Entscheidungsetage. Das Erstaunen dort war riesengroß. Insider sprachen von einem »richtigen Erdbeben, alles wackelte.« Aber man schaffte die Kurve: Don Keough, President and Chief Operating Officer The Coca-Cola Company, brachte seine Überraschung über das für alle Coca-Cola-Bosse unerklärliche Geschehen so zum Ausdruck: »Es ist ein wunderschönes amerikanisches Rätsel, das genausowenig meßbar ist wie Liebe, Stolz oder Patriotismus.« Und der Chef selbst, (Chairman of the Board and Executive Officer The Coca-Cola Company) Roberto Goizueta, teilte den Amerikanern über alle Medien rasch mit: »Wir haben Sie gehört.« Man war in Atlanta tatsächlich erschrocken.
Doch das »New Coke« verschwand damit nicht etwa in der Versenkung, nein, die »alte Mischung« wurde neben der neuen als »Coca-Cola Classic« wieder etabliert. Volkes Wille hatte über die Marktstrategen gesiegt und die Bosse in Atlanta waren um eine enorme Erfahrung reicher geworden.

Doch was genau war hier passiert?
Etwa drei Monate zuvor hatte man die Produktion des »Real Thing«, des »einzig Wahren«, für die USA und Kanada eingestellt. Man wollte die Welt mit einem geschmacklich leicht veränderten Coca-Cola, »The New Coke« genannt, beglücken. Selbstbewußt, wie man bei Coca-Cola nun einmal ist, hatte Boss Roberto Goi-

Coca-Cola für die Dame auf dem Kutschbock. Vor der Sodabar, um 1900.

DRINK
Coca-Cola

THE IDEAL BEVERAGE
FOR DISCRIMINATING
PEOPLE

A GLASS ADDS TO THE PLEASURE OF A DRIVE
OR A WALK BY BRIGHTENING AND REFRESHING
THE FACULTIES

zueta die getroffene Entscheidung in den Medien so gefeiert: »Das beste Erfrischungsgetränk, Coca-Cola, ist jetzt noch besser!« Seine Überzeugung basierte auf umfangreichen Marktstudien, Umfragen – und natürlich auch auf Geschmackstests an der Kundenbasis.

Letztendlich war man zu der Meinung gelangt, daß sich der Geschmack der (amerikanischen) Bevölkerung geändert habe und diese nun ein (noch) süßeres Getränk bevorzugen würde. Und es gelang den Marketingstrategen tatsächlich, die Unternehmensspitze davon zu überzeugen, daß man die Basisformel des Herrn Pemberton nach nun schon 100 Jahren weiter verändern müsse.

Das neu gemischte Coca-Cola kam dann 1985 auf den Markt und niemand im Headquarter hatte mit diesem Kundenaufstand gerechnet.

Später sprach man in den Medien vom »Marketingfehler des Jahrhunderts«. Vielleicht hatte das weniger mit der neuen und somit ungewohnten Mischung zu tun. Vielleicht viel mehr mit dem (Unter-)Bewußtsein der Kunden: Hatte man ihnen doch seit über 100 Jahren gepredigt, daß »Coca-Cola mehr ist als nur ein Erfrischungsgetränk«. Das hatten die Marketingstrategen wohl übersehen.

»Der populärste Drink in allen Soda-Fountains«.

At All Soda Fountains
the most Popular Drink
is

Coca-Cola

It has more to it than "wetness"
or "sweetness". All the time it is
pleasing your palate it is putting
"go" into tired brains. Settles jarred
nerves and drives away headache.

Zeittafel: *Coca-Cola*

1886 Pharmacist John Styth Pemberton mixte ein aromatisches Elixier, das später unter dem Namen COCA-COLA weltbekannt wurde. Als Tag der »Erfindung« gilt der 8. Mai 1886.

Am 29. Mai erschien die erste Werbeanzeige für Coca-Cola im »Atlanta Journal«. Im gleichen Jahr wurden die Marke und der Schriftzug als Warenzeichen geschützt.

1888 Nach Pembertons Tod am 16. August übernahm Asa Griggs Candler seine Produktion, behielt aber nur den Firmenbereich Coca-Cola.

1892 29. Januar: Gründung der »Coca-Cola Company« in Atlanta.

1893 Registrierung von Coca-Cola als US-Patent.

1894 Erste Abfüllung von Coca-Cola in Flaschen durch die Biedenharn Candy Company in Vicksburg/Mississippi.

Candler begann mit dem Franchisesystem für Coca-Cola-Abfüller.

1900 Einführung der »geraden« Flaschen mit eingebranntem Warenzeichen, speziell für den Verschluß mit Kronenkorken entwickelt.

1916 Markteinführung der heute klassischen Coca-Cola-Flasche.

1919 13. September: Verkauf der Coca-Cola Company durch Candlers Nachkommen an ein Bankenkonsortium unter Führung von Ernest Woodruff.

1923 Ernest Woodruffs Sohn, Robert W. Woodruff, übernahm den Vorsitz der Company.

1926 Woodruff gründete das »Auslands-Departement« und die »Coca-Cola Export-Corporation«. Die weltweite Verbreitung von Coca-Cola lief an.

Woodruff schrieb das Erscheinungsbild der Company fest.

in Amerika

1928 Mit der Olympiade in Amsterdam/NL begann die Verbindung von Coca-Cola mit den Olympischen Spielen.

1931 In einer Weihnachtsanzeige erschien erstmals der von Haddon Sundblom gemalte Coca-Cola Santa Claus.

1937 24. März: Das Design der klassischen Flasche wurde offiziell geschützt.

1940 Erste Dosen-Tests mit den »Kannendosen« und Kronenkorken-Verschluß.

1943 29. Juni: General Eisenhower schickte von der Afrika-Front das berühmte »Eisenhower-Cable« und forderte für seine Soldaten drei Millionen Flaschen Coca-Cola und zehn Abfüllmaschinen.

1960 Die Dose in der später üblichen Form ging in den USA in den allgemeinen Verkauf.

12. April: Das Coca-Cola-Design wurde in den USA für unbegrenzte Zeit geschützt.

1985 Das »New Coke« mit verändertem Geschmack sorgte für Aufregung in den USA und Kanada. Nach massiven Protesten der Verbraucher gibt es künftig zwei Sorten: »New Coke« und »Classic« Coca-Cola wie bisher.

1986 Jahrhundertfeier der Company in Atlanta: 12 700 Gäste aus 125 Ländern waren geladen, 300 000 Zuschauer säumten die Straßen beim Festzug.

1997 Douglas Ivester (50) wurde im Oktober Nachfolger des verstorbenen Chairman Roberto C. Goizueta.

Coca-Cola
in Deutschland

Der Start in Deutschland:
Coca-Cola zur Vorkriegszeit

Offiziell begann die Coca-Cola-Ära in Deutschland am 8. April 1929, als der Amerikaner Ray Rivington Powers im Auftrag der Export Corporation der Coca-Cola Company in Atlanta erstmals in Essen (in einer kleinen Abfüllstation) Coca-Cola in Flaschen abfüllte. Essen wurde einmal wegen seiner Lage im Zentrum Europas gewählt, zum anderen als einwohnerreichste Stadt im traditionell durstigen und bevölkerungsreichen Ruhrgebiet. Die amerikanische Zentrale schätzte diese Lage als äußerst günstig ein – nicht nur zur Erschließung des deutschen Markts, sondern für ganz Europa. In Italien war Coca-Cola allerdings schon seit 1927 vertreten.

Ganz unbekannt war die süße Limonade in Deutschland auch vor 1929 nicht, denn schon seit 1902 gab es Flaschenimporte. Außerdem wurden in den zwanziger Jahren für die US-Mitglieder der »Internationalen Friedenskommission«, die die Einhaltung des Friedensvertrags von Versailles im besetzten Rheinland überwachten, abgefüllte Coca-Cola-Flaschen aus den USA geliefert.
Noch im Herbst 1929 konnte Powers die ersten Großhandelsverträge für abgefüllte Flaschen abschließen. Auf diesen Schritt folgten bald die ersten Lizenzverträge mit dann selbständigen Abfüllern, die Abfüllstation, Flaschen und Sirup von der Essener GmbH erwarben. Das amerikanische Franchisesystem wurde also auf Deutschland übertragen. Jeder Konzessionär erhielt ein begrenztes Gebiet, in dem ihm das Allein-

vertriebsrecht garantiert wurde. Dieses System war auch sinnvoll, um Kosten für den doppelten Transport quer durch ganz Deutschland zu sparen. Abgefüllt zum Kunden nach München, leer zurück zur Coca-Cola-GmbH nach Essen – solche Wege entfielen beim Konzessionärssystem.

Der zweite Abfüllbetrieb nach Essen entstand schon zu Beginn des Jahres 1930 in Emmerich am Niederrhein. Während im Startjahr gerade einmal 5840 Kisten

Als die Konzessionäre 1929 in Deutschland noch mit dem Fahrrad auslieferten ...

Coca-Cola (das sind knapp über 140 000 Flaschen) verkauft werden konnten, waren es 1933 schon 100 000 Kisten. Im Jahr 1939 verkauften 15 gesellschaftseigene Abfüllstationen und 27 selbständige Konzessionäre, gemeinsam mit rund 500 Getränkegroßhändlern, fast 4,5 Millionen Kisten Coca-Cola (rund 108 Millionen Flaschen) an die Deutschen.

Die Story am Rand: Es soll nicht der offiziell genannte 8. April, sondern der 5. April 1929 gewesen sein, als die erste Flasche Coca-Cola in Essen abgefüllt wurde. Daran erinnerte sich an seinem 80. Geburtstag im Jahr 1984 der tatsächliche »Erstabfüller« Josef Ignasiak.

Mit dem Abfüllen ging es damals wohl langsam und mit dem Verkauf der ersten Kisten noch langsamer. Also mußte Ignasiak an seiner Abfüllmaschine öfter mal eine Zwangspause einlegen. Die nutzte er dann, so berichteten die Coca-Cola-Nachrichten in ihrem Heft 2/85, um in der Stadt Reklameschilder anzunageln. Als der Kistenumsatz später in die Hunderttausende ging, war Josef Ignasiak längst Produktionsleiter in der neuen Fabrik am Kaninenberg. Nach vierzigjähriger Tätigkeit bei Coca-Cola ging der Erstabfüller 1969 in den Ruhestand.

Die Einführungskampagne implizierte die provozierende Frage »Was ist Coca-Cola?« Die offizielle Antwort darauf lautete: »Das Warenzeichen Coca-Cola ist das allbekannte Kennzeichen für das einzigartige Erzeugnis der Coca-Cola-GmbH, ein köstliches und erfrischen-

Plakat aus der Serie »Vier Jahreszeiten« von 1938.

des Getränk.« Ein langer Spruch zwar, aber gespickt mit vielen Erwartungen. Das machte die Leute neugierig, und sie probierten Coca-Cola. Wie der Erfolg zeigt, muß es ihnen auf Anhieb geschmeckt haben.

Die Werbung in Deutschland übernahm anfangs die Vorlagen aus den USA, so zum Beispiel die zweiteiligen Plakate mit jungen Frauen. Die Slogans wurden einfach übersetzt. Eine wichtige Rolle spielten auch die in großer Zahl eingesetzten kleinen Prospekte mit Gesell-

Die erste Nummer: Startausgabe der »Coca-Cola-Nachrichten« vom 20. Oktober 1934.

schaftsspielen oder Gutscheinen auf der Rückseite. Ebenfalls nach amerikanischem Vorbild wurden auch Werbesendungen im Radio gespielt – so jung ist also die Radiowerbung gar nicht.

Mitte der dreißiger Jahre wurde die Werbung stärker den deutschen Gegebenheiten angepaßt und somit eigenständiger. Es gab sogar Schallplatten mit einem Coca-Cola-Song. Ein Katalog für Werbemittel kam auf die Schreibtische der Konzessionäre. Der bekannte deutsche Werbefachmann Hubert Strauf, ein Essener, war von Anfang an dabei und noch lange nach dem Zweiten Weltkrieg für Coca-Cola aktiv. Er prägte beispielsweise zu Beginn der fünfziger Jahre den zeittypischen Slogan »Mach mal Pause – trink Coca-Cola«.

Mitte der dreißiger Jahre begann die Coca-Cola-Werbung in Deutschland ihr großes Engagement im deutschen Sport, ebenfalls nach bewährtem Vorbild aus den USA. Die Deutsche Fußballmeisterschaft, die Deutschlandrundfahrt der Radrennfahrer, später dann die Olympiade in Berlin, das waren Gelegenheiten, Sympathien für das neue Getränk zu wecken.

Allerdings standen in den Aufbaujahren die Technik und die Logistik an erster Stelle, noch vor der Werbung. Die Flaschen waren knapp und noch verhältnismäßig teuer. Man mußte also, zum Beispiel mit einem Pfandbetrag, dafür sorgen, daß das Leergut wieder in die Transportkiste kam und dann zurück zum Abfüller. Diese Reglementierung war ziemlich neu im Bierland Deutschland. Leere Flaschen und Kisten, die nicht mehr zum Abfüller zurückfanden, waren verlorenes Kapital – schließlich kostete die Verpackung damals mehr als der Inhalt. Später übernahm die gesamte deutsche Getränkeindustrie diese klaren Prinzipien von Coca-Cola zu ihrem finanziellen Wohl.

Ein frühes Türschild, dreißiger Jahre.

Auch die Verkaufsschulung war den Coca-Cola-Pionieren wichtig. Motto: »Every bottle brings a profit« – Jede Flasche bringt einen Gewinn! Das Vertriebssystem mußte so vernetzt werden, daß jeder mögliche Käufer an jedem Ort in Deutschland eine eisgekühlte Coca-Cola kaufen konnte. »Eiskalt« – das war es! Die Vorliebe der Amerikaner für eiskalte Getränke wurde mit der Werbung zum festen Bestandteil für Coca-Cola – mit Erfolg und ganz gegen die bisherige Gewohnheit der Deutschen. »Eiskalt«, das war und ist auch die Prämisse für die entscheidende Geschmacksentfaltung von Coca-Cola. Die Bereitstellung von Kühlmitteln, Kühltruhen, galt als wesentliches Vertriebsinstrument. Anfangs noch mit Stangeneis gefüllt, später dann elektromotorisch mit Umlaufkühlung versehen, waren die Kühlbehältnisse im Essener Serviceangebot mit ausschlaggebend.

Die frühen Eiskästen aus Essen hießen »Normal«, »Standard«, »Sonderklasse«, »Junior«, »Senior«, »Stabil«, »Meister« oder »Eisbär«. Die Vielfalt dieses Angebots zeigt schon, welche Bedeutung der Kühlung in der Firmenstrategie beigemessen wurde. Es gab große und kleine Kühlbehälter, stabile und mobile – eines jedoch hatten sie alle gemeinsam: die Farben Rot und Weiß. Die Verbindung von Coca-Cola und eiskalt wurde den Verkäufern drastisch eingeschärft: »Ihr Bäcker verkauft Ihnen auch ein fertiges Brot und keinen Klumpen Teig. Genau so ist Coca-Cola nicht eher verkaufsfertig, bis es eiskalt ist. Denn erst die Kälte bringt das wunderbare Aroma dieses einzigartigen Getränks voll zur Geltung. Es schmeckt einfach besser, wenn es eiskalt ist.« Stimmt! Und auch die Frage, was denn unter »eiskalt« zu verstehen sei, wurde schon damals in Essen klar beantwortet: »Nicht höher als plus vier Grad Celsius.« Werbeprofi Strauf brachte das auch in Bildern zum Ausdruck und nahm Anleihen aus der Welt des Winters und der heimischen Alpen mit Eisblöcken, Eishöhlen, Eiszapfen, Schneemännern und dem Wintersport mit Ski, Rodel oder Schlittschuh.

Max Keith, nach dem heute die Straße vor der Coca-Cola-GmbH in Essen benannt ist, übernahm die deutsche Niederlassung im Jahr 1937. Die Palette der Werbemittel wurde schnell ausgeweitet, katalogisiert und nach Innen- und Außenwerbung unterteilt. Es gab eine Fülle von Reklameträgern wie Papp- und Metallschilder, darunter die heute so begehrten Emailschilder – Vorbild für das runde, rote Emailschild soll übrigens das ursprünglich rote Sirupfaß (Syrup-barrel) gewesen sein –, aufklebbare Tür- oder Fenstertransparente. Flaschenaufsätze aus Pappe, Tabletts und Untersetzer, Plakate in vielen Formaten, Prospekte und auch die großen Schauflaschen. Die Slogans wurden zunehmend eindringlicher und fordernder: »Erfrische dich« oder »Trinkt«, später auch im Singular »Trink«.

Nach der Olympiade 1936 in Berlin begannen im nationalsozialistischen Deutschland bald die Probleme für Coca-Cola. Bereits 1929 standen Bierbrauer und Brunnenabfüller nicht unbedingt auf der Seite der Amerikaner. Aber die Gegenfront wurde doch recht schnell mit lukrativen Abfüllizenzen mürbe gemacht. Die damals nicht berücksichtigten Konkurrenten witterten nun im Dritten Reich Morgenluft gegen das fremdartige Getränk: Deutsche Menschen trinken deutsch. Wenn sie schon kein Bier wollten, so sollten sie doch wenigstens deutsches Mineralwasser trinken – wie der Führer Adolf Hitler. Sie frohlockten bei Inkrafttreten der »Reichsflaschenverordnung« – so hieß diese Reglementierung damals tatsächlich –, die nur noch Einheitsflaschen erlaubte. Und da lag die typische Coca-Cola-Flasche mit ihren Proportionen natürlich völlig abseits, weit außerhalb der neuen deutschen Norm. Für die Essener Coca-Cola-GmbH war das eine große Gefahr und eilends wurde die Muttergesellschaft in Atlanta mobilisiert, die dann wiederum die US-Regierung in Washington alarmierte. Deren Botschafter in Deutsch-

Die deutsche Coca-Cola-Zentrale in Essen

land ging zu Hitlers Staatssekretär Wilhelm Keppler und dieser »verbog« im »Lex Coca-Cola« die Reichsflaschenverordnung so, daß die proportionierte Flasche »irgendwie« ins neue System paßte. Was war da gelaufen?

Als im Kriegsjahr 1940 der Zucker in Deutschland rationiert wurde und damit in der Essener Fabrik die Sirupherstellung zu versiegen begann, hatte Max Keith die Idee mit »FANTA«, ein Phantasiegetränk, wie der Name schon andeutet. Dieses hellfarbige Getränk auf Molke- und Süßstoffbasis wurde von vielen Hausfrauen im Krieg als Zuckerersatz beim Kochen und Backen eingesetzt. Später natürlich wieder den friedensmäßigen Bedingungen angepaßt, gehört Fanta noch heute zur Coca-Cola-Produktpalette.

Während des Zweiten Weltkrieges war die Herstellung von Coca-Cola in Deutschland ab 1942 untersagt. Fanta war nicht alles im Zweiten Weltkrieg, wie Helmut Fritz in seinem Coca-Cola-Buch (siehe S. 248) schrieb: »Während Coca-Cola als moralische Erfrischung die müden amerikanischen Krieger labte, sorgten auf der anderen Seite der Front die deutschen Coca-Cola-Konzessionäre im Auftrag der Kriegswirtschaft ihrerseits dafür, daß die Moral der bombengeprüften Zivilbevölkerung gestützt wurde. Nicht mit Coca-Cola, sondern mit in Coke-Flaschen abgefülltem Trinkwasser, das von den deutschen Abfüllfabriken in die Luftschutzbunker geliefert wurde.«

Der Zweite Weltkrieg brachte für die Coca-Cola-GmbH in Deutschland eine jähe Zäsur. Doch dank dem Vorbild der GIs ging es nach der Währungsreform auch in der Bundesrepublik für Coca-Cola schnell wieder aufwärts. Der andere Teil Deutschlands mußte jedoch noch weitere 40 Jahre warten, ehe es auch dort wieder hieß:»Trink Coca-Cola eiskalt«.

FANTA heute. Einst rettete diese Marke die deutschen Abfüller über den Krieg.

Coca-Cola in Deutschland nach dem Zweiten Weltkrieg

Es war keine Rückkehr nach Deutschland, es war die Wiederverfügbarkeit von Coca-Cola für die deutsche Bevölkerung, die allerdings erst ein Jahr nach der Währungsreform wieder »Zugriff« auf Coca-Cola bekam.

Der Krieg hatte die deutsche Währung, die Reichsmark (RM), zerrüttet. Am 20. Juni 1948 kam das neue Geld, die Deutsche Mark (DM), an die Schalter – und gleichsam über Nacht alle nur erdenklichen Waren wieder in die Schaufenster der Geschäfte. Plötzlich war alles anders, »fast wie früher im Frieden, als es noch alles alles zu kaufen gab.« Die erwachsene Bevölkerung bekam pro Person 40,- DM »Kopfgeld« – der Aufstieg konnte beginnen. In wenigen Jahren entstand das, was man im Ausland mit »deutschem Wirtschaftswunder« bezeichnete. Doch ein Wunder war das nicht, es war das Ergebnis harter Arbeit der deutschen Bevölkerung.

Für Coca-Cola war der Boden in Westdeutschland gut bereitet. Nicht nur bei den jungen Leuten, auch bei den älteren war die Marke wohl bekannt. Denn zum einen waren in vielen Familien noch leere Coca-Cola-Flaschen aus der Vorkriegszeit vorhanden, die in der »schlechten Zeit« gleichsam als Symbol für die Zeit standen, in der es noch »alles gab«. Und dann sah man die GIs mit ihren Coca-Cola-Flaschen in jedem Jeep und auf jedem Foto. Für die Jugend war das die »neue Zeit«, alles typisch amerikanische fand sie schlicht »ganz toll« und übernahm es als Vorbild. Man hatte sozusagen auf Coca-Cola gewartet.

Coca-Cola kam nach dem neuen Geld

Doch die meisten Deutschen mußten sich noch bis zum 3. Oktober 1949 gedulden, erst dann wurde auch in Deutschland Coca-Cola produziert, aber noch kontingentiert verkauft. Vorher gab es jedoch schon Flaschenimporte oder vereinzelt auch Lieferungen aus Abfüllanlagen der Armee. Die Zucker-Zwangsbewirtschaftung wurde erst zum 1. Mai 1950 aufgehoben und damit war die Produktion frei. Große Plakate auf den Rückwänden der Lieferwagen verkündeten: »Coca-Cola ist wieder da!«

Ein typisches »Wasserhäuschen« in Offenbach am Main mit der neuen Coca-Cola-Werbung im Jahr 1950.

Sportidol Max Schmeling, Hamburg, einst Boxweltmeister aller Klassen, war einer der ersten neuen Konzessionäre in Deutschland. Hier zeigte sich wieder die Verbindung von Coca-Cola und Sport, aber auch eine Bewertung des Ansehens, das sich Max Schmeling bei

seinen Weltmeisterschaftskämpfen gegen den »braunen Bomber« Joe Louis »drüben« erworben hatte. (Am 19. Juni 1936 hatte er als bisher einziger Deutscher diesen Titel durch K.o. in der 12. Runde gewonnen.) Die erste Nachkriegswerbung knüpfte noch weitgehend an die bekannten Vorkriegsmuster an – man war damals vornehmlich mit dem Aufbau der Organisation beschäftigt. Es dominierten das rote runde Schild mit der Flasche wie auch die Plakate mit den Frauen. Dazu kam der »Kronenkorken-Kobold«, der auch von den Autorückwänden herunterblinzelte: Coca-Cola ist wieder da!

Silberjubiläum zur Wirtschaftswunderzeit

Im Jahr 1954 feierte die Coca-Cola-GmbH mit ihren Konzessionären in Essen ein großes Fest: 25 Jahre Coca-Cola in Deutschland! Der Wiederaufbau der Organisation galt damit als abgeschlossen, denn überall im Bundesgebiet und Westberlin konnte man Coca-Cola kaufen. In diesem Jahr erfolgte der Vertrieb über 125 Konzessionäre, die zum größten Teil auf eigenen Anlagen abfüllten. Im Jubiläumsjahr wurden 24,5 Millionen Kisten Coca-Cola verkauft, das sind 588 Millionen Flaschen. Die ersten Flaschenkühlautomaten wurden in Deutschland aufgestellt.

Zum Essener Jubiläum kamen in einer Sternfahrt über 100 Coca-Cola-Lieferwagen aus allen Regionen in die Stadt an der Ruhr, jeweils geschmückt mit den Symbolen ihrer Heimat. Der Mainzer Wagen trug Fastnachtssymbole, der aus Frankfurt die historischen Gebäude des Römers und der Berliner Wagen den Funkturm. Der Wagen aus Offenbach, entsandt vom Konzessionär

Boxweltmeister
Max Schmeling,
einer der ersten
deutschen Konzes-
sionäre nach dem
Zweiten Weltkrieg.

Boxweltmeister Max Schmeling, einer der ersten deutschen Konzessionäre nach dem Zweiten Weltkrieg.

Herdt (siehe S. 96ff.), war geschmückt mit einem nahezu lebensecht gestalteten, furchterregenden Krokodil, ein Hinweis auf die Lederstadt am Main.

Der Pfiff: Mach' mal Pause!

In der Bundesrepublik lief das sogenannte Wirtschaftswunder auf Hochtouren: neue Häuser entstanden aus den Ruinen des Bombenkriegs und völlig neue Stadtviertel an den Rändern der großen Städte. Die Deutschen hatten längst in die Hände gespuckt und fuhren sonntags mit dem Motorrad oder gar mit der

»Knutschkugel«-Isetta, dem Messerschmitt-»Schnee-wittchensarg«, dem Lloyd-»Plastikbomber« oder schon mit dem VW-»Brezelfenster-Käfer« ins Grüne. Schließ-lich mußten sie auch mal eine Pause machen. Und ge-nau das präzisierte Hubert Strauf, der große Senior der deutschen Werbewirtschaft, für Coca-Cola mit seinem Slogan »Mach' mal Pause – trink Coca-Cola!« – im Bild-hintergrund stillte ein Bauhandwerker, ein Zimmer-mann in Zunfttracht, seinen Durst. Im Radio oder im Kino wurde diese Aufforderung sogar noch mit einem Pfiff unterlegt. Das kam an! Noch heute zählt dieser Slogan zu den bekanntesten Werbeaussagen. Damals schon sprach man von der »Managerkrankheit«, und Pausen schienen tatsächlich angebracht. Straufs Wer-beagentur, »Die Werbe-Euro-Advertising GmbH«, nannte als bevorzugte Adressen für die Werbebot-schaften den sogenannten »dürstenden Menschen«. Damit wurden erstmals differenzierte Verbraucher-gruppen durch besondere Werbeaussagen angespro-chen, wie dies Coca-Cola später immer wieder prakti-ziert hat. Beispielsweise bei Autofahrern, Berufstätigen, Hausfrauen oder Sportlern. Ein Getränk für alle, doch jeder fühlte sich gezielt angesprochen.

Einer Anekdote zufolge soll der Erfolgs-Slogan »Mach' mal Pause – trink Coca-Cola« per Zufall gefunden wor-den sein: Auf der Suche nach einem zugkräftigen Wer-bespruch, die bislang erfolglos verlaufen war, soll ein Mitarbeiter damals gesagt haben: »Ich hab' die Schnau-ze voll. Ich mach' erst mal Pause und trinke 'ne Cola.« Das war's dann! (»Cola« war seinerzeit noch das Syno-nym für Coca-Cola.)

Die bislang verwendeten Coca-Cola-Plakate beruhten meist auf den Vorkriegsentwürfen. Diese wurden noch traditionell von freischaffenden Künstlern in Form von

Der Kronenkorken-Kobold im Plakat.

Ölbildern oder Aquarellen gemalt und dann lithographisch umgesetzt. Nun wandelte sich das Sujet gleich in mehrfacher Hinsicht.

Zunächst erfolgte ein Wandel in dem für Coca-Cola typischen Frauenbild. In den zwanziger und dreißiger Jahren waren es, nach den Salondamen der Gründer- und Jugendstilzeit, hauptsächlich Frauentypen nach dem Vorbild der Filmschauspielerinnen oder Glamourgirls, in der Kriegs- und ersten Nachkriegszeit die Pinup-Girls. In den späten vierziger Jahren sah man kurzzeitig die nach der Kriegszeit nun selbstbewußte Frau. Doch dann kam rasch der makellos glatte Mädchentyp auf, wie ihn beispielsweise die Zeitschrift »Playboy« vorstellte. Christa Murken-Altrogge (siehe S. 248) merkt dazu an:»Das traditionsreiche Rollenklischee der Frau als Animierwesen wurde durch die Werbung von Coca-Cola, die in besonderem Maß Leitbilder zu setzen vermochte, intensiviert.«

Die neuen Plakate

In den fünfziger Jahren galt die Schweizer Werbegrafik als international führend, und von dort ausgehend entstanden völlig neuartige Plakatentwürfe, die deutlich den Geschmack dieser Zeit widerspiegelten und deshalb auch »draußen«, bei den Umworbenen, und nicht nur in abstrakten Kunstkreisen, angenommen wurden. Als Gestalter ist hier vor allem der Schweizer Grafiker Herbert Leupin zu nennen, der in den fünfziger Jahren zahlreiche Plakate für Coca-Cola entwarf (aber beispielsweise auch für die Zigarettenmarke »Rothändle«). Seine Originalplakate (siehe S. 73) werden heute als Kunstgrafiken hoch gehandelt und auch nachgedruckt. Die sechziger Jahre auf dem Coca-Cola-Plakatsektor waren geprägt vom Foto-Realismus.

Neue Zeiten in den Gaststätten

In diesen Jahren verschwand auch die Coca-Cola-Flasche von den Tischen der Gaststätten: Die »moderne Zeit« für Coca-Cola in der Gastronomie begann 1959, als in den umsatzstärkeren Lokalen die ersten Theken-Zapfanlagen montiert wurden. Damit konnte deutlich Lager- und Transportkapazität eingespart werden, darüber hinaus auch Leergut sowie Abfüll- oder Spülzeit.

Die 0,33-Liter-Flasche wurde 1963 eingeführt – und erstmals wird Coca-Cola auch in der Bundesrepublik in Dosen (0,35 Liter) abgefüllt. Die Argumente für die Dose: sie ist besser zu stapeln, einfacher zu transportieren und leichter zu kühlen, alles Forderungen, die auch die aufkommende »Sport- und Freizeitgesellschaft« erhob. Obwohl die Dose einen wichtigen Marktanteil ausmacht, ist die Coca-Cola-GmbH doch

Der Start 1949: Werbung an der Rückwand eines Lieferwagens.

heute stolz darauf, daß über 75 Prozent ihrer Produktion in Mehrweggebinden ausgeliefert werden.

1967 wurde erstmals in der Bundesrepublik die Traumgrenze von 100 Millionen Kisten überschritten – das sind stolze 2,4 Milliarden Flaschen: Dazu kam noch das Großgebindegeschäft.

1968 kam die 1-Liter-Einwegflasche mit dem roten Etikett auf den Markt und 1969 dann schon die 1-Liter-Pfandflasche, die die Einwegflasche schnell ablöste.

In der Zeit um 1968 wurde Coca-Cola zunehmend kritisch in der Kunst – oder was sich dafür hielt – dargestellt. Für die USA stehend, für den »US-Imperialismus überall auf der Welt«, geriet Coca-Cola zum Prügelknaben für die einen, zum bevorzugten Partygetränk für die anderen. Neben der aufmüpfig-kritischen Studentenjugend gab es auch die unbefangen-lässigen Teenager, die musikverliebt Beat oder Rock'n'Roll auf ihren Parties tanzten – und genau hier setzte Coca-Cola mit seiner Jugendwerbung an. Schließlich tranken auch die Beatles schon 1964 öffentlich mit dem Trinkhalm aus der kleinen »geilen« Flasche.

Der große Umbruch: Die Logomark mit Welle

Die siebziger Jahre brachten einen großen Umbruch für die Coca-Cola-Werbung. Gleich zu Beginn, 1970 nämlich, steht hier die Einführung der neuen rechteckigen »Logomark« mit der »Swinging-line«, der Wellenlinie. Dann folgt die konsequente Ausrichtung der Werbung auf die Teenager-Bewegung dieser Zeit in der »Nach-68er-Zeit«, wie man die Jahre nach der »Studentenrevolte« heute nennt.

Die an anderer Stelle in diesem Buch ausführlich beschriebene neue »Logomark« (siehe S. 130ff.) ersetzte weltweit die Vielzahl der Coca-Cola-Werbeelemente.

Das »Notenständer«-Plakat von Herbert Leupin aus den fünfziger Jahren.

PAUSE BUVEZ Coca-Cola

Die rechteckige Logomark löste auch die traditionellen Rundschilder ab, deren Ursprung noch auf das »red barrel« zurückzuführen ist, das rote Sirupfaß aus der Fountain-Zeit. Werbeprofi Strauf stellte eine Verbindung der neuen rechteckigen Logomark mit einem Coca-Cola-Grundelement her, der richtigen Kühlung auf vier Grad Celsius. Denn die markanten Coca-Cola-Kühleinrichtungen, egal ob Boxen oder Automaten, zeigen von jeher eine kubische Silhouette. Damit schließt sich für den Werbemann der Kreis. Und der umworbene Kunde empfindet das in seinem Unterbewußtsein wohl auch so.

In der Plakat- oder bebilderten Anzeigenwerbung sah man in den frühen siebziger Jahren auffällig oft Personengruppen abgebildet. Ab 1976 wurden dann gezielt junge Paare in den Vordergrund gestellt.

Anzeige in den fünfziger Jahren mit »Mach' mal Pause« und dem Sixpack für zu Hause.

Um das Jahr 1968 nutzte man die allgemeine Aufbruchstimmung der Jugend zu einer auf einen längeren Zeitraum konzipierten »Treff-Tip«-Kampagne. In Zusammenarbeit mit großen Reisebüros wurden europaweit Treffreisen für Jugendliche in interessante Städte oder auch an die Küste angeboten. Diese Serie lief bis 1970. Im Jahr 1971 folgte die »Frischwärts«-Aktion, die dann 1973 zum »Frischwärts-Paß« führte. Die »Frischwärts«-Plakat- und Anzeigenserie galt besonders den dynamischen jungen Leuten: Da gab es Motive mit großen Segelbooten oder mit einem Katamaran (»Wer hat denn die Gebrauchsanweisung«), die Fahrt mit dem Jeep durch ein Flußbett (»Diese Umleitung wollte ich immer schon mal fahren«) oder dem Easy Rider auf staubiger Landstraße mit der Freundin auf dem Sozius. Der »Frischwärts-Paß« konnte 1973 in einem Preisausschreiben erworben werden und ermöglichte seinem Inhaber die Teilnahme an neuen Aktionen, beispielsweise an einer Südamerikareise. Eine Anzeige dazu zeigte einen Gauchosattel und nebenstehend folgenden Text: »Ein silberbeschlagener Sattel. Darunter ein Pferd und die argentinische Pampa. (Ihre drei besten Freunde reiten mit.)« Außerdem konnte man mit dem »Frischwärts-Paß« im besonderen »Frischwärts-Bazar« Nostalgieartikel aus der Coca-Cola-Werbegeschichte ordern.

Coca-Cola verbreitete Aufbruchstimmung. Nicht nur im Westen. Auch die Jugend im Osten sah sehnsüchtig zu und bekam Appetit – auf Coca-Cola natürlich. Der Kampf gegen Pepsi-Cola um die Ostmärkte war längst im Gang (siehe S. 102).

Der Einstieg in den Sammlermarkt

Aber nicht nur die Vorwärts-Devise brachte Coca-Cola 1973 ins Gespräch, auch ein Blick zurück diente dazu. Unter dem Titel »Nostalgie-Bazar« wurde eine Neuauflage alter Coca-Cola-Werbemittel in Anzeigen angeboten. Natürlich berechtigte auch der Frischwärts-Paß zum bevorzugten Einkauf im Nostalgie-Bazar. Dort gab es Reproduktionen früher Coca-Cola-Werbemittel, vornehmlich aus den USA, so zum Beispiel Tabletts aus der Fountainzeit, aber auch Tischlampen der Tiffany-Art, Spiegel mit dem Coca-Cola-Schriftzug, Gläser oder Poster und eine »Super-Rock-Oldie«-Langspielplatte.

Coca-Cola hatte auch früher schon vielfach Sammleraktionen gestartet. Abgesehen davon, daß man auch einmal Miniflaschen gewinnen konnte, drehte es sich immer um externe Sammelgebiete, um Sport oder Dreamcars beispielsweise. Neu war hier, daß erstmals in Deutschland alte Coca-Cola-Werbeartikel angeboten wurden. Die Coca-Cola-GmbH, die die Verwendung des Coca-Cola-Schriftzugs bekannt restriktiv regelte und die stets die Angst um einen Imageverlust umtrieb, entfachte nun plötzlich selbst einen Markt für Coca-Cola-Collectibles nach US-Vorbild.

1977 erschien die 1-Liter-Konturenflasche erstmals mit der rot-weißen Logomark auf dem Markt. Die private Kühltasche, seit 1960 im Angebot und zwischenzeitlich mehrfach, aber immer nur geringfügig verändert, wurde 1977 vergrößert und sogar mit in die Plakatwerbung einbezogen. Die Kühltasche war eigentlich zu jeder Zeit ein begehrter Werbeträger und somit auch erfolgreich.

Die erste deutsche Coca-Cola-Kühltasche wurde schnell ein Schlager: Sie kostete damals mit sechs Flaschen Erstfüllung 13,65 DM – und in diesem Preis waren sogar noch 1,20 DM Flaschenpfand enthalten. Gemessen am damaligen Stundenlohn war das nicht wenig, aber doch preiswert. Denn die Deutschen hatten nun einen preisgünstigen Kühlbehälter für das Picknick am Strand, beim Camping oder im heimischen Garten. Zum Kühlen füllte man die Tasche mit Eiswürfeln aus dem Kühlschrank. Hervorgehoben wurde in der Werbung für die Kühltasche deren »neuartiger Plastik-Gleitverschluß – klemmt nicht, rostet nicht.« Damals auch eine Neuheit.

Kinowerbung mittels Dia.

Im Jahr 1979 war dann wieder einmal ein Festtag zu
verzeichnen: 50 Jahre Coca-Cola in Deutschland!

Mit dem Nostalgie-Bazar hatte die Essener Zentrale zu
ihrer Verblüffung etwas losgetreten, das man vorher in
der Form vermeiden wollte: Die Coca-Cola-Sammler
oder auch spontane Fans kamen zu den Abfüllern auf
den Hof und wollten Coca-Cola-Collectibles haben,
geschenkt oder auch gegen ein kleines Entgelt. Alte
Werbeschilder vielleicht, notfalls auch Replikate. Oder
schlichte Fanartikel: Modellautos mit Coca-Cola-Aufdruck, Flaschenöffner natürlich und auch Gläser. Eben
alles, was das Herz eines Fans erwärmt. Fanshops
kannte man bereits von den großen Fußballclubs. Warum also nicht? Ein Beigeschäft könnte das schon werden, mit Auswirkung auf den Coca-Cola-Umsatz, erkannte auch die Essener Zentrale nach sanftem Druck
aus Konzessionärskreisen. Ja nun, meinte man schließlich an der Max-Keith-Straße in Essen, wenn nur alles

**Anzeigenwerbung
1957.**

im Rahmen bleibt und unser Markenzeichen dabei nicht an Image verliert. Also wurde 1981 die Hauptabteilung Werbung der Coca-Cola-GmbH tätig und schuf zusammen mit der Rechtsabteilung einen Kodex für den Vertrieb von Sammlerstücken in den »Novelty-Shops« der Abfüller (siehe auch S. 210).

Die sieben Gebote aus Essen lauteten:

1. »Novelties sind Werbeartikel für Coca-Cola, die den Zweck haben, unser Hauptprodukt werblich und verkaufsfördernd zu unterstützen.
2. Novelties sind keine zusätzlichen Profitprodukte der Coca-Cola-Organisation oder gar von Fremdfirmen.
3. Novelties dürfen sich nicht als weiterer Markenartikel unter der Schutzmarke Coca-Cola verselbständigen. Anders ausgedrückt: Coca-Cola steht allein für das Erfrischungsgetränk und nicht für ein Boutiquen-Artikel-Programm.
4. Der Vertrieb bzw. Verkauf von Novelties ist beschränkt auf die Coca-Cola-GmbH und die Konzessionen. Der Vertrieb über Drittfirmen ist nicht gestattet. Ausgenommen hiervon ist der gesteuerte und geplante zeitweise Verkauf innerhalb von Promotions zusammen mit unseren Produkten. Ziel des Verkaufs unserer Novelties direkt in unseren Warenauslagen muß eindeutig die Förderung unseres Geschäftes mit unseren Erfrischungsgetränken sein.
5. Eine offizielle Listung bei unseren Kunden mit dem Ziel, dieses Novelty-Programm als reguläre Artikel zu vertreiben, ist nicht gestattet. Z. B. käme diese Aufnahme unserer Novelties in das Non-Food-Sortiment eines Kunden nicht in Frage.
6. Coca-Cola und Coke sind die für die Coca-Cola-Gesellschaft gesetzlich geschützten Warenzeichen.

Nur die Coca-Cola-GmbH Essen kann die Geneh-
migung erteilen zur Aufbringung der für sie bzw. für
»The Coca-Cola Company, Atlanta« geschützten
Warenzeichen auf Gebrauchsgegenstände (Novelties).«

An diesen Geboten hat sich bisher nur wenig geändert. Hiermit gab es nun auch für den Sammler eine
Richtlinie, was »offiziell« ist und was nicht.

Wenn ein Anbieter außerhalb der Coca-Cola-Organisation irgendwelche Artikel mit einem Coca-Cola-Lo-
go ohne Essener Lizenz auf den Markt brachte – was
häufig geschehen ist –, konnte die Zentrale recht hart
reagieren – und so ist das noch heute.

Coca-Cola-News aus Deutschland – Die achtziger und neunziger Jahre

Schon lange beobachtete die Coca-Cola-GmbH die
sich wellenartig ausbreitende Diät-Bewegung. Mit etwa
100 Gramm Zucker pro Liter ist Coca-Cola, wie auch
Mitbewerber Pepsi-Cola, für Diät-Fans ein rotes Tuch.
Man reagierte bereits im Jahr 1960 auf diese Bewegung,
als man im Ausland die zuckerfreien Limonaden TAB
und FRESCA, beides Colas auf Süßstoffbasis, auf den
Markt brachte. In den USA erschien 1982 dann »Diet-
Coke« und im Jahr darauf, 1983, in der Bundesrepublik
»Coca-Cola-light«. Weltweit war dies übrigens das erste Mal, daß der traditionelle Schriftzug für eine Zweit-
marke neben dem »klassischen« Coca-Cola verwendet
wurde.

Dieser Wandel hatte wohl auch etwas mit der Erkenntnis von Coca-Cola zu tun, daß die werbliche Konzentration auf die Jugend in wenigen Jahren zu einem
Umsatzfiasko führen könnte. Denn der Marktanteil der

Jugend wird in den hochentwickelten Ländern gegenüber dem Anteil der Älteren merklich schwinden. Also steuerte man rechtzeitig einen zweiten Kurs mit einem zweiten Produkt. Jetzt konnte man auch die Kalorienzähler beliefern, ganz unabhängig vom Alter. – Aber darauf aufmerksam machen mußte man sie. Und so wurde rund um Coca-Cola-light eine riesige Werbeaktion gestartet. Eine wichtige Aussage hierbei war: »Nur 5 Kcal/100 ml«. Im Klartext: Nur 50 Kalorien pro Liter Coca-Cola-light!

Ein weiteres »Gesundheits-Coca-Cola« kam im Olympiajahr 1984 in die Läden: »Coca-Cola koffeinfrei«. Neue Kühlautomaten lieferten dem Kunden 0,3-Liter-Becher mit Deckel und eingestecktem Trinkhalm, so wie man sie aus den Fast-Food-Ketten kannte. Die Olympia-Promotion lief über ein Sammler-Suchspiel: Die Olympia-Champions mußten aus den Schraub-

Das Freundschafts-Symbol in der Anzeigenserie 1956.

deckeln herausgenommen und auf ein Poster aufgeklebt werden – es kamen 18 Millionen Poster unter die
Sportfans.

Im Jahr 1984 feierten die »Coca-Cola-Nachrichten«,
später »Coca-Cola-Journal« genannt, ihr 50jähriges Jubiläum. Die Erstausgabe mit vier Seiten Umfang wurde
am 20. Oktober 1934 veröffentlicht. Diese Zeitschrift
erschien monatlich, heute nur noch viermal im Jahr. Sie
informiert Abfüller, Vertriebsfirmen und deren Mitarbeiter über alles »rund um Coca-Cola« sowie über die
anderen Produkte der Company.

Mit dem Handwagen
kam Coca-Cola einst
in Deutschland in
die Läden und
Gaststätten.

In Berlin zeigte 1984 Michael Schröder in seiner »Galerie 70« eine Ausstellung über Coca-Cola unter dem Motto »Macht-Mythos-Kunst«.

Die 2-Liter-»Leichtflasche« – sie wiegt leer nur 80 Gramm – kam 1985 in die Läden der Bundesrepublik, galt aber bei den Verbrauchern schnell als unhandlich. Um die nicht wieder füllbaren Einwegflaschen einzusammeln, belegte Coca-Cola erstmals Einweggebinde mit einem Pfandbetrag.

Die in Bayern schon getestete Kundenzeitschrift »Coca-Cola-Magazin« kam Ende April erstmals bundesweit zur Verteilung. Die Erstauflage erschien mit 60 000 Exemplaren.

In Deutschland labte man sich in diesem Jahr erstmals an der Neuheit »Cherry Coke«, einer Coca-Cola mit Kirschgeschmack. Unter »Schnibbeln, Sammeln, Tauschen« propagierte man ein neues Sammel- und Suchspiel: Auf den 1-Liter-Flaschen waren 25 verschiedene US-Dreamcars – die mit den berühmten Heckflossen – aufgeklebt, die der Sammler nun auf die Felder seines Posters übertragen mußte.

Die Werbeaktionen 1986 brachten drei für Sammler interessante Stücke: Einmal das 0,3-Liter-Glas in Schwenkerform mit dem goldenen Coca-Cola-Schriftzug. Zur Fußball-Weltmeisterschaft in Mexico wurde dieses Glas in einem »WM-Paket« mit dem WM-Maskottchen »Pique« am Trinkhalm geliefert, dazu noch ein Tipp-Set.

Für Diskotheken und Autobahn-Raststätten gab es den »Sam's Cup«, einen 0,4-Liter-Kunststoffbecher mit Stars and Stripes, dem Zylinder von Amerikas Symbolfigur »Uncle Sam« nachempfunden. Den »Sam's-Cup« gab es auch im 2-Liter-Riesenformat als Eiswürfelbehälter.

Das Deutsche Plakat-Museum in Essen präsentierte in der Theater-Passage die Ausstellung »100 Jahre Coca-Cola im Plakat«.

Unmittelbar nach dem Fall der Mauer, im November 1989, unternahm die Essener Coca-Cola-Zentrale ihre ersten Schritte in die DDR. Die Muttergesellschaft in den USA genehmigte ein Investitionsprogramm von rund einer Milliarde Mark. Eigens für den neuen ostdeutschen Markt wurde die »Coca-Cola Erfrischungsgetränke GmbH« (CCEG) gegründet. In kürzester Zeit standen in Ostdeutschland fünf Abfüllbetriebe mit 16 Vertriebszentren. In Halle an der Saale entstand die größte und modernste Abfüllanlage Europas. Im Jahr 1994 betrug der Umsatz des Unternehmens bereits über eine Milliarde Mark.

Mit dem Start in die neuen Bundesländer begann auch eine bundesweite Reorganisation der Lizenznehmer und Abfüllbetriebe.

Die 1,5-Liter-PET-Mehrwegflasche wurde 1990 eingeführt (PET ist die Abkürzung für Polyäthylen-Terathalat-Kunststoff).

Die deutsche Coca-Cola-Organisation reagierte auf die Marktveränderungen auch mit der Gründung der »Coca-Cola-Deutschland Verkauf GmbH & Co. KG« (CCDV). Die CCDV ist heute Partner der nationalen Großkunden.

Im März 1991 wurden die beiden Zweitmarken zusammengelegt: »Coca-Cola-light koffeinfrei« soll alle Gesundheitsfanatiker ansprechen.

Die Konzentration schritt voran: Gab es vor Jahren noch über 120 Konzessionäre in Deutschland, so waren davon im Jahr 1993 nur noch 90 selbständig und ihre Zahl war weiter im Sinken begriffen. Ein neuer Slogan ging um die Welt: »Always Coca-Cola« – und dieser Spruch sitzt auf einem blaßgrünen Streifen über dem alten Rundschild mit der Flasche und dem Schriftzug »Coca-Cola«!

Im Jahr 1994 wurde die zweite PET-Mehrwegflasche mit jetzt einem Liter Inhalt eingeführt. Coca-Cola ist stolz darauf, daß über 75 Prozent der Produktion in Mehrweggebinden ausgeliefert werden.

In Osnabrück hatte 1994 die große Coca-Cola-Ausstellung »Mythos aus der Flasche. Coca-Cola Cultur im 20. Jahrhundert« (siehe S. 248) in nur sechs Wochen über 23 000 Besucher. Die Ausstellung, organisiert vom Design-Zentrum NRW in Essen und der Coca-Cola-GmbH, zeigte auch viele seltene Stücke aus der bekannten Sammlung von Franz Herbert Heydt, Coca-Cola-Konzessionär in Osnabrück. Diese Schau gab der Coca-Cola-Sammlerbewegung in Deutschland einen merklichen Kick.

Ein sehr erfolgreiches Motiv aus den frühen achtziger Jahren.

Im März 1995 wurde Coca-Cola-light mit neuer Produktformel und neuem Packungsdesign vorgestellt. Der Konzentrationsprozeß schritt weiter und unglaublich schnell voran: Nur noch 13 selbständige Konzessionäre bildeten große Einheiten mit 37 Abfüllfabriken.

Zur Olympiade 1996 in Atlanta, eigentlich eine Coca-Cola-Veranstaltung gigantischen Ausmaßes, gab es in Deutschland eine Einmalserie der 0,33-Liter-Flaschen mit rotem Schraubverschluß: Die 12 ursprünglichen Disziplinen der Olympiade 1928 in Amsterdam, als Coca-Cola erstmals mit seinem »olympischen Erfrischungsdienst« dabei war, wurden im Glas als Relief dargestellt. Sie sind als Sammlerserie heute sehr gesucht. Natürlich wurden für die Atlanta-»Heimspiele« alle nur denkbaren Coca-Cola-Werbemittel produziert. Darunter auch Pins, die Anstecknadeln. Ein Sammelgebiet, das mit dieser Edition einen großen Schub bekam.

Ohne grundsätzlich verändert zu werden, erhielt die Coca-Cola-Dose 1997 ein neues Outfit. So wurde das Coca-Cola-Schriftbild mit einem Schatten hinterlegt.

Begehrt: Atlanta-Pin zur Olympiade 1996.

Und ein neues Dosenmodell kündigte sich an: In den USA wurden Versuche mit einer »Konturendose« gestartet. In ihrer taillierten Form erinnert diese Dose an die berühmte kleine Flasche.

Auch die Coca-Cola-light-Dose bekam ein neues Design, mit Silber – und sofort gab es gedankliche Verbindungen zu den McLaren-Mercedes-Silberpfeilen in der Formel-I ...

Die Abfüllkonzentration erhielt 1997 eine neue Dimension: Die »Deutsche

Anchor Bottler Coca-Cola-Erfrischungsgetränke AG«
(CCE-AG) übernahm weitere Konzessionen. Weltweit
gibt es acht Coca-Cola-Anchor Bottler. Sie teilen die
Coca-Cola-Welt in »Areas« auf und sind direkt mit der
Zentrale in Atlanta verbunden und somit auch Testfüh-
rer bei neuen Getränken oder Packungseinheiten. Die
deutsche CCE-AG ist der erste Anchor Bottler europäischen Ursprungs.

Der Getränkemarkt wird heute heißer denn je um-
kämpft, und Coca-Cola hat auch nach über 110 Jahren
das Ziel noch nicht aus den Augen verloren: Für jeden
Mensch soll Coca-Cola in einer Armlänge greifbar sein.
Wenn man dabei an China denkt ...

Coca-Cola -Werbeslogans

1929   **köstlich – erfrischend (bis 1934)**

1935   **Durst kennt keine Jahreszeit**

1955   **Mach' mal Pause – trink Coca-Cola**

1962   **... auch eine!**

1968   **Besser geht's mit Coca-Cola, mach' mal Pause mit Coke**

1970   **Frischwärts**

in Deutschland seit 1929

1974   **Trink Coca-Cola ... das erfrischt richtig!**

1976   **Coke macht mehr draus**

1981   **Zeit für Coca-Cola**

1985   **Coca-Cola is it!**

1989   **You Can't Beat The Feeling!**

1993   **Always Coca-Cola**

Diese Slogan-Tabelle ermöglicht es dem Sammler, Werbemittel zeitlich einzuordnen.

FANTA, Sprite & Co:
Die anderen Marken der deutschen
Coca-Cola-Organisation

Coca-Cola ist und bleibt der Mittelpunkt des Limona-
dengeschäfts der Company in Atlanta und ihrer weltweiten Filialen. Doch um Pembertons Wundersirup
rankt sich heute ein Geflecht von Derivaten (zum Beispiel Diät-Coke, Coca-Cola-light oder CHERRY
COKE) und Limonaden ganz anderer Geschmacksrich-
tungen. Mit den Jahren kamen dazu auch Tafelwasser
oder Fruchtsäfte.

Auch CHERRY COKE,
KINLEY und andere
Getränke in der
Dose kommen aus
dem Hause Coca-
Cola.

Nachfolgend die chronologische Aufstellung der auf dem deutschen Markt heute noch gängigen Hauptmarken mit dem Jahr ihrer Markteinführung:

1940 FANTA
1959 FANTA klar, klare Zitronenlimonade
1964 FANTA trübe Limonade mit Orangensaft
1968 Sprite klare Limonade mit Zitrusauszügen
1969 CAPPY, Orange, 1-Liter-Flasche
1971 KINLEY Tonic
     Bitter Lemon
1973 Lift kohlesäurehaltige Limonade mit Zitronensaft
1978 Diät Lift Zitrone
1982 Lift Apfellimonade
     Kräuterlimonade
     still Zitronenlimonade
     still Apfellimonade
1985 MEZZO MIX koffeinhaltige Limonade mit Orangengeschmack
1988 BONAQUA Tafelwasser
1989 Sports Aquarius
1991 Sprite light
1993 Lift light
     Umbenennung von Sports Aquarius in Aquarius
     Nestea Eistee
1994 FANTA Herb Orange
1995 FANTA Pink Grapefruit
     Sprite und Sprite light erhielten neuen Geschmack
     MEZZO MIX Zitrone
1996 FANTA Mandarin
     KINLEY »Softdrink für Erwachsene«
     Herber Apfel
     Herbe Orange
     Herbe Zitrone
     Tonic Water
     Lift Apfelschorle
1997 Cappy vorgewürzter Tomatensaft

Klaus Pütter und Claus M. Halle:
Zwei Deutsche in Atlanta ganz oben

Die beiden Deutschen haben es weit gebracht in der weltumfassenden Coca-Cola-Organisation: Klaus Pütter ging im Centennial-Jahr 1986 als Senior Vice President der Coca-Cola Company und Präsident der Europa/Afrika-Gruppe in den Ruhestand. Er war 35 Jahre für die Coca-Cola-Organisation tätig und seit 1983 Senior President in Atlanta. Gleichzeitig hatte er den Vorsitz des Aufsichtsrats der Essener Coca-Cola-GmbH inne. Seine Traumkarriere begann im Jahr 1951, als der gebürtige Berliner in die Essener Zentrale eintrat. Sein Werdegang: Verkaufsassistent, Marketingchef, GmbH-Geschäftsführer, Präsident von Coca-Cola Europa und Aufsichtsratsvorsitzender der deutschen GmbH. Dann der Sprung über den großen Teich auf den Sessel in der Chefetage.

Die deutschen Spitzenmanager in Atlanta und Essen: Klaus Püttner (links) und Claus M. Halle (rechts)

Ganz ähnlich verlief der Weg des zweiten Deutschen in der Tophierarchie: Claus M. Halle, ebenfalls Senior Executive Vice President The Coca-Cola Company nach Klaus Pütter und dort zuständig für das weltweite Getränkegeschäft mit Ausnahme Nordamerikas. Wie Pütter begann Halle seine Coca-Cola-Karriere in der Essener Zentrale als Verkaufsassistent, jedoch bereits ein Jahr früher.

Bei den Namen Pütter und Halle erinnert sich Willi Zimmer, Prokurist und Marketingchef des Offenbacher Konzessionärs Peter Herdt & Söhne, an deren frühe Tätigkeit im Kreis Offenbach: »Die beiden späteren Topmanager beackerten als junge Leute 1953/54 in unserer Werbegruppe beispielsweise in Obertshausen die Belegschaft aller größeren Betriebe für Coca-Cola.«

Zeittafel:

1929 Unter der Leitung von Ray Rivington Powers etablierte sich Coca-Cola mit einer kleinen Fabrik in der Essener Hammerstraße.

1930 In Emmerich am Niederrhein wurde die zweite Abfüllstation eröffnet.

1934 Fünf Jahre Coca-Cola-Organisation in Deutschland: Abfüllfabriken in Frankfurt, Hamburg, Leipzig und München kamen hinzu. Die Zahl der Konzessionäre lag bereits über 120.

Das Domizil an der Essener Hammerstraße wurde zu klein. Umzug zum heutigen Standort am Essener Kaninenberg.

Am 20. Oktober erschien die erste Hauszeitschrift, die »Coca-Cola-Nachrichten«.

1935 Coca-Cola stellte erstmals auf der Leipziger Messe aus.

1936 Mit seinem offiziellen Olympischen Erfrischungsdienst war Coca-Cola bei den Winterspielen in Garmisch-Partenkirchen und bei den Sommerspielen in Berlin dabei.

1937 Max Keith wurde in Essen Geschäftsführer.

1939 Es gab in Deutschland bereits 50 Abfüllbetriebe und zusätzlich rund 500 Großhändler.

1940 Rationierung von Zucker infolge des Zweiten Weltkriegs, die Herstellung von Coca-Cola wurde zunehmend schwieriger. Mit FANTA fand man in Essen ein Getränk, das auch in Kriegszeiten hergestellt werden konnte.

in Deutschland

1942 Die Herstellung von Coca-Cola in Deutschland mußte einge-stellt werden.

1949 3. Oktober: Coca-Cola war wieder für die Deutschen verfüg-bar.

1954 25 Jahre Coca-Cola-Organisation in Deutschland.

1955 Mach mal Pause ... Der wohl bekannteste deutsche Coca-Cola-Werbespruch machte die Runde.

1963 Einführung der Dosen in der Bundesrepublik.

1967 Die »100 Millionen Kisten«-Traumgrenze wurde überschrit-ten.

1970 Einführung der neuen »Logomark« mit der Wellenlinie.

1979 50 Jahre Coca-Cola-Organisation in Deutschland.

1990 Nach dem Fall der Mauer investierte Coca-Cola eine Milliar-de Mark in den fünf neuen Bundesländern.

1993 Zehn Jahre Coca-Cola-light.

1994 Bislang größte und erfolgreichste Coca-Cola-Ausstellung in Deutschland: »Mythos aus der Flasche. Coca-Cola Cultur im 20. Jahrhundert«, in der Osnabrücker Kunsthalle in Verbin-dung mit dem bekannten Sammler Franz-Herbert Heydt.

1997 Wanderausstellungen in Einkaufszentren: »Ein Mythos verbin-det die Welt«. Mitveranstalter war die Coca-Cola-Organisa-tion.

Die Karriere eines Bottlers:
Die Geschichte der Firma
Peter Herdt & Söhne, Offenbach am Main

Warum ist hier gerade von der Offenbacher Firma Herdt & Söhne die Rede? Einerseits steht dieser Bericht stellvertretend für alle anderen Abfüller oder Vertriebsfirmen – und zum anderen ist der Autor gebürtiger Offenbacher und die Coca-Cola-Firma Herdt ihm von Kindesbeinen an vertraut. Aber auch das ist ein Grund: Von 1951 bis 1968 gehörte der Offenbacher Abfüllbetrieb ununterbrochen dem »Ehrenring« der deutschen Coca-Cola-Organisation an. Der Ehrenring ist die Gruppierung der 12 in ihrem Gebiet erfolgreichsten Coca-Cola-Verkäufer, gerechnet pro Kopf der Einwohner in diesem Gebiet.

Die großen Lastwagen der Firma Herdt sind heute in einem Gebiet mit rund 800 000 Einwohnern unterwegs, den Main entlang und von der Wetterau bis in den Spessart oder auch bis an den Rand des Odenwalds. Ihr Standort ist nach wie vor Offenbach, doch die traditionsreiche Firma Herdt & Söhne gehört heute zum »Rhein-Main-Sieg Getränke«-Verbund, dem Zusammenschluß von sechs Coca-Cola-Vertriebsgesellschaften mit drei Produktionsstandorten.
Herdt & Söhne bedient heute über 6 400 Kunden, direkt oder über den Getränkegroßhandel. Dabei werden rund 3 000 »Verkaufsgeräte« betreut, also Kühlautomaten oder Zapfanlagen. Mit einem Absatzvolumen von über 500 000 Hektoliter lag Herdt & Söhne im Jahr 1995 mit an der Spitze vergleichbar ausgerichteter Coca-Cola-Betriebe. Auf ihrem bisherigen Gelände baute die Firma Herdt 1994 einen neuen, technisch

hochmodernen, aber auch optisch ansprechenden Betrieb, in dem nun 120 Mitarbeiter beschäftigt werden. Herdt & Söhne ist damit für die Zukunft gerüstet.

Begonnen hat alles in der väterlichen Gastwirtschaft an der heutigen von-Behring-Straße im Offenbacher Stadtteil Bürgel. Gründersohn Karl Herdt erinnerte sich anläßlich seines 75. Geburtstags im Jahr 1986: »Dort kam eines Tages im Jahr 1933 ein Achtzylinder-Ford mit Holzspeichenrädern vorgefahren. Der Besucher packte Flaschen aus und lud uns zum Kosten ein. Niemand in Offenbach hatte das fremde Zeug haben wollen. Wir nahmen's.«

Die Coca-Cola-Geschichte der Herdts begann dann am 15. Januar 1934, als Vater Peter Herdt die gleichnamige »Coca-Cola-Vertriebsgesellschaft« gründete. Die Herdts wurden also Coca-Cola-Großhändler. Peter Herdt hatte zwei Mitarbeiter: Seine Söhne Karl und

Der Eingang zum Verwaltungsgebäude des Offenbacher Coca-Cola-Betriebs.

Adolf. Im ersten Jahr setzte die junge Firma 1 622 Kästen Coca-Cola um. Und drei Jahre später, 1937, waren
es bereits 36 195 Kisten. Nun hatte man schon zehn
Mitarbeiter, vier neue Lastwagen und belieferte auch
die Kreise Hanau und Aschaffenburg. Junior Karl Herdt
erwarb 1939 die Konzession für Dresden. Doch diese
Expansionspläne vereitelte der Krieg. Im Jahr 1939
wurden von Offenbach aus noch 63 343 Kisten verkauft, dann sank der Absatz infolge der Rationierungs-
verordnungen auf zuletzt noch 6 166 Kisten im Kriegsjahr 1942. Nun mußte die Produktion von Coca-Cola
aus Zuckermangel eingestellt werden, und FANTA
wurde zum Ersatzgetränk der bisherigen Coca-Cola-
Abfüller. Seit 1941 firmierten die Herdts unter »Peter
Herdt & Söhne«.

Im Oktober 1949 war Coca-Cola dann wieder für die
Deutschen verfügbar und die Herdts begannen mit
dem Wiederaufbau des Geschäfts mit der »amerikanischen Brause«. In Voraussicht der kommenden Entwicklung erwarb die Familie Herdt im Jahr 1950 ein
großes Areal an der Mülheimer Straße in Offenbach –
noch heute Standort des Unternehmens. Diese Ent-

scheidung erwies sich bereits 1951 als goldrichtig. Denn in diesem Jahr wurde der Abfüllvertrag mit der Coca-Cola-GmbH abgeschlossen. Die Eigenproduktion konnte beginnen.

Nach dem Tod des Firmengründers im Jahr 1954 übernahmen die Söhne Karl und Adolf Herdt die Leitung des Familienunternehmens, in dem heute schon die dritte Generation tätig ist. 1972 trat Horst Möller, Schwager von Karl Herdt, in die Geschäftsführung ein.

Tassen mit Coca-Cola-Motiven.

Die »Verkaufsdose«,
ein Kiosk.
Hier in Moskau:
Coca-Cola mit »K«
geschrieben.

Coca-Cola
weltweit

Zur Kasse bitte: Always Coca-Cola –
Der Boom im Osten

Das Coca-Cola-Vertriebssystem hatte sich in über einhundert Jahren bewährt und gute Gewinne eingefahren. Doch dann veränderte sich das Weltbild: Die deutsche Mauer fiel und damit war der Weg in den Osten offen. Die Sowjetunion (UdSSR) zerfiel, ihre Mitgliedsstaaten strebten auseinander. China reformierte seine Wirtschaft und die Übernahme von Hongkong beschleunigte diesen Prozeß. Allein Deutschland wuchs um rund 16 Millionen potentieller Coca-Cola-Trinker. Schließlich China und die ehemaligen Staaten der UdSSR mit zusammen rund zwei Milliarden Menschen. Welche Aussichten für die Company! Und man handelte: Weltweit wurde die Organisation gestrafft. Die kleinen nationalen Abfüller wurden zusammengefaßt. Es war die Zeit der Anchor-Bottler-Giganten – der Company in Atlanta direkt unterstellt. In Deutschland schrumpfte die Zahl der selbständigen Konzessionäre in nur einem Jahr, von 1993 bis 1994, von 90 auf nur noch 13 mit 37 Abfüllfabriken; trotz der fünf neuen Bundesländer im Osten.

Einige Eckdaten aus dem deutschen Coca-Cola-Geschäftsbericht von 1994:
- Marktführer im Bereich der alkoholfreien Erfrischungsgetränke mit einem Marktanteil von rund 20 Prozent. Die deutsche Coca-Cola-Organisation erzielte auf der Großhandelsbasis 1994 einen Umsatz von 7,2 Milliarden Mark; verkauft wurden über 37,3 Millionen Hektoliter Getränke.
- Über 30 Prozent aller Coca-Cola-Produkte wurden

in PET-Mehrwegflaschen ausgeliefert; der Mehrweganteil betrug insgesamt sogar über 75 Prozent.

- Wachstumsträger Nummer eins bei allen Produkten war wieder Coca-Cola mit plus 3,4 Prozent.
- Die Beschäftigungszahl der Mitarbeiter lag im Jahr 1994 bei etwa 14 000.

Aber auch in Atlanta tat sich einiges. Man hatte in der Vergangenheit nicht nur Coca-Cola verkauft, man hatte auch zahlreiche bekannte Firmen gekauft, ja nahezu angehäuft. So den Medienriesen »Columbia Pictures« oder Kaffeeröster und »Wine Spectrum«, die drittgrößte Kellerei der Vereinigten Staaten. Der Nudelhersteller »Ronco Foods« gehörte ebenso zum Coca-Cola-Imperium wie der Plastikproduzent »Presto Products« (unter anderem Trinkhalm-Hersteller) oder Firmen für Wasserentsalzung, Krabbenzüchter und vieles andere.

Attraktion in Las Vegas: Die World of Coca-Cola bietet den Besuchern der Spielerstadt in Nevada einen faszinierenden Einblick in die »Welt von Coca-Cola«.

Als Roberto Goizueta 1981 die Leitung von Coca-Cola übernahm, setzte eine Gegenbewegung ein: Die Firmen wurden nach und nach wieder verkauft, mit der Zielsetzung, »nur noch das zu machen, was wir am besten können – Soft Drinks zu verkaufen.« Dieser Wandel bekam der Coca-Cola-Aktie sehr gut: Die Aktienbewertung stieg von 1,85 Dollar im Jahr 1981 auf 57 Dollar im Jahr 1997.

Man konnte die Erlöse aus den Firmenverkäufen aber auch gut gebrauchen, denn die Investitionen im angestammten Bereich waren zu dieser Zeit so hoch wie nie zuvor: Im Jahr 1989 baute oder kaufte Coca-Cola Abfüllfabriken – oder übernahm Beteiligungen – in Australien, China und Frankreich. Bereits 1990 (Mauerfall 9. November 1989) investierte Coca-Cola in den fünf neuen Bundesländern eine Milliarde Mark. Dagegen hört sich die China-Investition von 1993 mit 230 Millionen Mark fast bescheiden an. Im gleichen Jahr stieg Coca-Cola auch wieder in den indischen Markt ein.

Die massive Expansion von Coca-Cola in Osteuropa und in der ehemaligen UdSSR löste Pepsi-Cola dort als Marktführer ab. Pepsi hatte in der UdSSR einen Vorsprung aus der Nixon-Ära, den Coca-Cola lange nicht aufholen konnte, gehandicapt auch durch den US-Boykott der Olympischen Spiele in Moskau im Jahr 1980. So entfiel damals auch der werbewirksame olympische Erfrischungsdienst der Company.

Seit jeher wird die New Yorker »Pepsi-Cola Company« als größter Konkurrent von Coca-Cola angesehen, ohne jedoch dessen Verbreitung zu erreichen. Als Erfinder gilt Caleb Bradham aus North Carolina/USA mit seinem Rezept aus dem Jahr 1896. Bradham war Apotheker, also »Pharmacist«, wie auch Coca-Cola-Erfinder John Styth Pemberton. Seit 1903 ist der Name »PEPSI-Cola« geschützt.

Werbung aus den zwanziger Jahren.

Die Coca-Cola-Organisation war 1994 mit ihren Produkten in über 195 Ländern der Welt vertreten. Voll
Stolz konnte die Organisation in diesem Jahr feststellen: »Täglich werden weltweit etwa 773 millionenmal
Coca-Cola-Produkte getrunken!« Der Verkauf im Jahr
1994 stieg international um gut zehn Prozent.
Die Zahl der Konzessionäre lag weltweit bei 1 000 und
die Mitarbeiterzahl bei 650 000, mit Helfern bei rund
einer Million.

**Regiestuhl aus
rotem Stahlrohr-
gestell mit natur-
farbener Jute-
bespannung.**

Coca-Cola
und die Konkurrenz

Ob hübsches Märchen oder nicht, auch wenn das tatsächlich geheime Coca-Cola-Rezept in Atlanta in einem Tresor gehütet wird, ist es sicher möglich, mit modernen Analyseverfahren das Mischungsgeheimnis der »braunen Milch Amerikas« zu entschlüsseln. Und wenn es einem Nachahmer dann gelingen sollte, dieses exakt dem Original entsprechende Getränk anzubieten, so fehlen ihm noch immer die Flasche und der Schriftzug zum Erfolg. Es gibt viele Cola-Marken weltweit, doch allein Coca-Cola hat einen Bekanntheitsgrad, der sich der 100-Prozent-Marke nähert.

Als Konkurrenzunternehmen ist weltweit in erster Linie der amerikanische Mitbewerber »Pepsi-Cola Company« zu nennen. Die »Pepsi Co«, 1903 mit Firmensitz in Sommers/New York gegründet, wurde Coca-Colas großer Rivale.

Zwischen beiden Giganten wurden unzählige Prozesse ausgetragen. Coca-Cola blieb immer mit Abstand die bekannteste Marke, doch zumindest im Supermarkt-Absatz in den USA zog Pepsi längerfristig am Klassiker vorbei.

Nach Deutschland kam Pepsi im Gefolge der US-Army. In Aschaffenburg am Main wurde im Jahr 1946 die erste Abfüllstation für den Bedarf der GIs errichtet. Die erste deutsche Konzession erhielt die Frankfurter Brauerei Henninger für eine Tochterfirma im Jahr 1951 – da war Coca-Cola schon seit zwei Jahren wieder auf dem (bundes)deutschen Markt.

Kenner beurteilen die Präsidenten in den USA jeweils nach Coca-Cola- oder Pepsi-Cola-Anhängern. So wird Richard Nixon als »Pepsi-Mann« genannt, der für Pepsi damals die Tore der Sowjetunion geöffnet haben soll. Ausgerechnet »Coca-Mann« Jimmy Carter habe dann das Nachziehen von Coca-Cola vereitelt, als er die US-Sportler 1980 von der Olympiade in Moskau zurückzog. Coca-Cola hätte nämlich bei dieser Gelegenheit mit dem »Olympischen Erfrischungsdienst« Boden gutmachen können. Jimmy Carter soll allerdings den rotchinesischen Markt für Coca-Cola geebnet haben.

Die echte Tiffany-Coca-Cola-Lampe aus der Zeit vor 1925.

Auf dem deutschen Markt ist neben Pepsi, vornehmlich zur Vorkriegszeit, die heimische Marke »Afri-Cola« (»Sexy-mini-super-flower-power-pop-op-Cola, alles ist in Afri-Cola«) zu nennen, die ebenfalls nach dem Franchisesystem abgefüllt wird. Bis 1945 lagen in Deutschland Afri-Cola und Coca-Cola noch Kopf an Kopf im Rennen um die Gunst der Konsumenten.

Nach Kriegsende, so berichtet Helmut Merschmann in seinem Artikel »Zurück zur Palme« (»Das Sonntagsblatt« Nr. 40/1996), gab es Probleme mit der Lizenzerteilung und der Rohstoffbeschaffung – Coca-Cola wurde von den amerikanischen Besatzern schlichtweg bevorzugt. Dann begünstigten die Jahre des »American way of life« Coca-Cola weiter. Heute gibt sich die deutsche Traditionsmarke mit ihrem hohen Koffeingehalt (Werbung: »Afri-Cola-Rausch«) und dem Palmenlogo auf der taillierten Flasche recht exklusiv und kann nicht mit Coca-Cola in der Vertriebsdichte konkurrieren. Coca-Cola liegt klar vorn.

Coca-Cola kommt! Ein Lieferwagen um 1900.

Sammlertrophäen aus über 100 Jahren

Die Flasche mit dem Hüftschwung

Sie ist die heute weltweit bekannteste Flasche überhaupt und steht auch in der Design-Abteilung des re-
nommierten Museums für Moderne Kunst in New York
– übrigens zusammen mit der noch älteren deutschen
Odol-Flasche. Die kleine gerippte Coca-Cola-
Standardflasche gilt als eine der schönsten Industriefor-
men überhaupt – doch sie war nicht die erste Coca-
Cola-Flasche. Das war, so könnte man vielleicht
scherzhaft sagen, John Pembertons Medizinflasche.
Tatsächlich hatte die spätere Coca-Cola-Standardflasche mehrere Vorläufer. Am Anfang stand die zylindrische Sodaflasche im sogenannte Hutchinson-Stil

**Entwicklung der
Flaschenform von
1894 bis 1915/16.**

(nach ihrem Hersteller), in die schon 1894 erstmals Coca-Cola abgefüllt wurde. Abfüller war Joseph A. Biedenharn in Vicksburg, Mississippi, und damit der erste Coca-Cola-Abfüller überhaupt.

Die nächste Variante: Von November 1899 bis 1903 wurden Flaschen mit im Glas ausgeprägtem Coca-Cola-Schriftzug verwendet.

Die dann folgenden Flaschen waren Typen, die bereits für den Kronenkorkenverschluß entwickelt wurden. Auffallend daran ist der für den Halt des Metallverschlusses wichtige Wulst am Flaschenhals. Solche Flaschen wurden mit einem rhombusartigen Etikett von 1900 bis einschließlich 1916 verwendet.

Bereits seit 1900 war man auf der Suche nach einer eigenen, ganz spezifischen Flaschenform. Die Vorgabe war klar formuliert: »Sie muß so geformt sein, daß eine Person sie auch nachts im Dunkeln als Coca-Cola-Flasche erkennen kann.« Diese Bedingung weist übrigens darauf hin, daß die Flaschenform zu einer Zeit entstanden ist, als Kühlschränke – sofern sie überhaupt vorhanden waren – noch nicht elektrisch betrieben wurden und somit auch keine Innenbeleuchtung hatten.

Die spätere und bis heute gebräuchliche Standardflasche hatte eine ganz ähnliche, aber doch wesentlich dickbauchigere Vorläuferin. Vielleicht hätte sie ja damals das Rennen gemacht, doch mit ihrem Umfang paßte sie nicht in die damaligen Abfüllmaschinen. Der Entwurf dieser Flasche mit 0,2-Liter-Inhalt aus dem Jahr 1913 stammte von Earl R. Dean. Ihre Form korrespondierte mit der oft als Vorbild für die spätere Standardflasche genannten Glasvase aus der Manufaktur von Louis Cromford Tiffany aus dem Jahr 1908.

Als Designer der letztlich von der Coca-Cola Company akzeptierten Standardflasche gilt der schwedische Glashüttentechniker Alexander Samuelson. Sein Entwurf da-

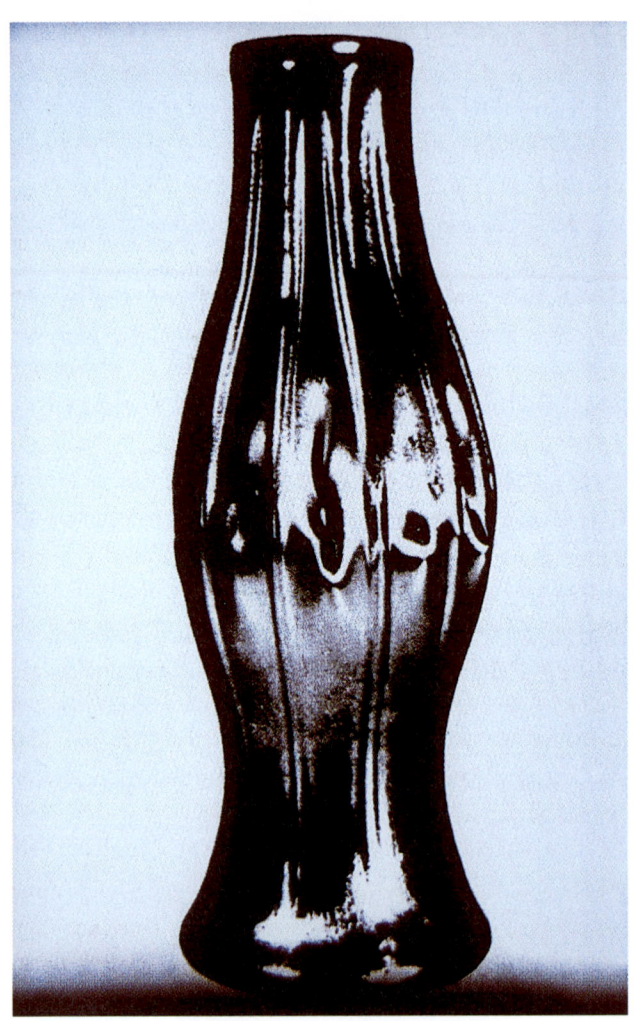

tiert auf den 16. November 1915 und geht deutlich auf den Entwurf von Earl R. Dean zurück. Die neue 19 Zentimeter hohe Flasche kam bereits 1916 zum Einsatz. Die Serienproduktion des dann meistgepreßten Flaschentyps übernahm die Firma Root Class Company in Philadelphia.

Diese nun scheinbar endgültige Flasche erfuhr im Lauf ihrer frühen Jahre doch noch einige mehr oder weniger auffällige Retuschen, oft auch aus Gründen der besseren Handhabung beim Abfüllen oder Säubern.

Raymond Loewy, der große amerikanische Industriedesigner, nannte die kleine gerippte Coca-Cola-Flasche mit dem charakteristischen Hüftschwung »die schönste Verpackung überhaupt«. Loewy wußte wovon er sprach: Er war der Schöpfer der in ihrer Zeit modischen Attribute bei Autos wie Weißwandreifen oder der berühmten Heckflossen.

Coca-Cola-Rechtsberater Harold Hirsch erkannte offensichtlich sofort die Bedeutung einer markentypischen Verpackung. Er sorgte dafür, daß die neue Flaschenform gemeinsam mit dem Schriftzug für alle Abfüller verbindlich wurde. Erstaunlich dabei ist allerdings die Tatsache, daß die charakteristische Flasche erst im Jahr 1960 durch Eintragung ins US-Trademark-Register Rechtsschutz bekommen hat.

Sicher nicht unbeabsichtigt, stellten sich bald Vergleiche zwischen der Flasche und weiblichen Formen ein. Man hat sie als »Mae West« bezeichnet, in Anspielung auf die Figur der in den zwanziger bis vierziger Jahren bekannten amerikanischen Filmschauspielerin. Erotische Vorstellungen führten auch zu den Bezeichnungen, »Hobble skirt« (engtailliertes Mieder, ebenfalls mit Bezug auf Mae West) oder »Callipygian«, ein Beiname der griechischen Liebesgöttin Aphrodite, der soviel bedeutet wie »mit schönem Hintern«. Diese Assoziationen wurden auch von Künstlern aufgegriffen. So beispielsweise von dem Amerikaner Mel Ramos mit seinem Siebdruck »Lola-Cola« (1972) oder von Charles Frazier mit seiner Bronzeskulptur »American Nude« (1963) oder auch ganz betont von Karl Heinz Meyer mit dem Aquarell »Gaby« aus dem Jahr 1977.

Die bis dahin auffälligste Veränderung an der Coca-Cola-Standardflasche erfolgte im Jahr 1956: Aus Kosten-

gründen mußte der plastisch ornamentale, bisher in das
Glas eingeblasene Schriftzug einem Siebdruck weichen.
Später aber wurde er ab und zu wiederverwendet, so
bei der Olympia-Serie 1996 zu den Spielen von Atlanta. Der bis dahin fast 40 Jahre gebräuchliche Schriftzug
im Glas wurde nun im ACL-Druckverfahren (Applied
Color Label/aufgelegtes Farbetikett) aufgebracht. Dieser kostenbedingten Umstellung konnten die Werbefachleute ihrerseits noch positive Elemente abgewin-
nen: Der nun weiße Schriftzug hob sich auf der Flasche
deutlicher vor dem dunkleren Hintergrund des Ge-
tränkeinhalts ab. Gleichzeitig mit dieser Änderung kam
der Aufdruck »Coke« auf die Flasche, in den USA bereits seit 1945 als »Trademark« eingetragen und geschützt.

Im auf diese Veränderung folgenden Jahr 1957 gesellte
sich zur kleinen 0,2-Liter-Flasche die ähnlich proportionierte große »Familienflasche« mit 0,7-Liter-Inhalt.
In den nächsten Jahren wurden weitere Flaschengrö-
ßen ins Programm genommen. So 1962 die 0,33-Liter-
Flasche, die sogenannte »große Flasche«, oder die »Fla-

sche für den großen Durst«. Im Jahr 1968 folgte die 1-Liter-Einwegflasche mit dem roten Etikett und dem »praktischen Drehverschluß«, die sich jedoch nicht lange im Sortiment halten konnte. Sogar eine 1,5-Liter-Glasflasche gab es zwischen 1977 und etwa 1982. Christiane Lorenz vom Coca-Cola Sammler-Club »Die Welle« (siehe S. 204) schrieb einmal in einer Club-Information: »In den späten Siebzigern bis zumindest 1980 wollte die Coca-Cola Deutschland wahrscheinlich alle Hausfrauen zum Bodybuilding erziehen. Wer kennt sie nicht, die sogenannte ›Dicke Berta‹, die 1,5-Liter-Glasflasche in Coke-Flaschenform, mit einem Leergewicht von gut 1,2 Kilogramm. Gefüllt wiegt dieses ›Fläschchen‹ dann gut 2,7 Kilogramm. Genau das richtige Gewicht, um mit dem Hanteltraining zu beginnen.«

Es war übrigens die Pepsi-Cola Company, die in den USA als erste die Großflaschen in die Regale der Supermärkte brachte. In verschiedenen Ländern haben die späteren PET-Pfandflaschen einen Inhalt von 1, 1,5 oder gar 2 Liter, nicht aber offiziell in Deutschland.

»always« seit 1993. Hier mit der »fehlerhaften« Typenschrift.

Zeitdokument hin, Zeitdokument her: Die großen Plastikpullen erfreuen sich bei den Coca-Cola-Sammlern nur mäßiger Beliebtheit. Sie sind wohl auch keine besondere Zierde der häuslichen Kollektion. In einer Museumssammlung gehören sie aber zum Bestand.

Die um 1985 eingeführte 0,5-Liter-Konturenglasflasche fügte sich schnell mit steigenden Umsätzen in die Packungspalette ein. Von Insidern wird sie »Single«-Flasche genannt: »Das ist der Einmal-Frischbedarf für einen Ein-Personen-Haushalt.«

Es gab und gibt auch Flaschen mit einem anderen Schriftzug, etwa die für China mit chinesischen Schriftzeichen. Auch Schriftzusätze auf Flaschen kommen vor. So zum Beispiel die mit zwölf Sportmotiven geprägte Serie dünnwandiger 0,33-Liter-Flaschen mit Schraubverschluß, aufgelegt anläßlich der Olympiade 1996 in Atlanta.

In der Zwischenzeit hatten die Flaschen schon, es war 1963, mit der neu eingeführten roten Dose deutlich Konkurrenz bekommen. Man führte diese Verpackungsart ein, um gleich zwei Marktforderungen zu begegnen: Einmal waren mit den Dosen deutliche Raum- und damit auch Kosteneinsparungen möglich, andererseits gewann der sogenannte »Unterwegsmarkt« für Sport und Freizeit immer mehr an Bedeutung. Wenn auch der Doseneinsatz heute seine umweltschädigenden Auswirkungen an jeder Ecke zeigt, so hat sich doch der Sektor »Coca-Cola-Dosen« für den Sammler zu einem bedeutenden Sammelgebiet entwickelt.

**Die klassische
Konturenflasche im
heutigen Gewand.**

Eine geniale Idee: Der Kronenkorken

Er ist in seiner ursprünglichen Form über 100 Jahre alt, kreisrund, hat 21 Zacken, mißt 32 Millimeter im Durchmesser – und ist weit älter als die klassische, geschwungene Coca-Cola-Flasche, die er krönt. Gemeint ist der Kronenkorken, kürzer auch Kronkorken genannt.

Während die berühmteste Flasche der Welt erst 1916 eingeführt wurde, verwendete die Coca-Cola Company Kronenkorken bereits seit dem Jahr 1905. Die Experimente mit dem Metallverschluß begannen sogar schon um das Jahr 1900.

Der bedruckte Kronenkorken (engl. cap) ist ein hervorragender Werbeträger, zumal er im Lauf der Jahre zum Sammelgegenstand avanciert ist.

Bedenkt man die winzigen Abmessungen eines Kronenkorkens und die deshalb beim Aufdruck der einzelnen Farben erforderliche Paßgenauigkeit, so ist das eine bemerkenswerte drucktechnische Leistung. Doch die kleine Oberfläche dieses Metallverschlusses ist nicht einmal das eigentliche Problem beim Druck. Als tückisch für den Druckvorgang erweist sich eher das traditionelle Grundmaterial der Kronenkorken, das Fein-Weißblech. Wenn die großen Blechtafeln punktförmig bedruckt werden, können die Farben nicht »wegschlagen«, wie das beim saugfähigen Papier der Fall ist. So bleibt nur die Ablüftung der Lösungsmittel nach oben und somit besteht die Gefahr des Verwischens der Farben weit länger. Eine weitere große Belastungsprobe für die Farben stellt der Tiefzieh- und Stanzvorgang dar, wenn der Kronenkorken seine charakteristische Form mit den

Zacken erhält. Bei dieser starken Blechverformung dürfen die Farben nicht etwa abplatzen oder sich durch Scheuern der gestapelten Bleche leicht verkratzen lassen. Man sieht: Viel Aufwand für einen kleinen Deckel, der normalerweise gleich nach dem »Plop« beim Öffnen der Flasche in den Abfall geworfen wird.

Kronenkorken allein können schon für den Coca-Cola-Sammler ein eigenes Sammelgebiet darstellen. Denn der Kapselaufdruck wechselt häufiger im Design und auch die Anschriften der Abfüller variieren regional. Kronenkorken-Sammler sind eine eigene Gilde, sammeln oft alle derartigen Metallverschlüsse weltweit, egal ob für Bier, Cola, Mineralwasser oder Saft. Hersteller berücksichtigen diese Leidenschaft bei ihren Werbeaufdrucken und starten von Zeit zu Zeit ausgesprochene

Kronenkorken-Konstruktionszeichnung aus der Patentschrift Nr. 68350 vom 2. Februar 1892.

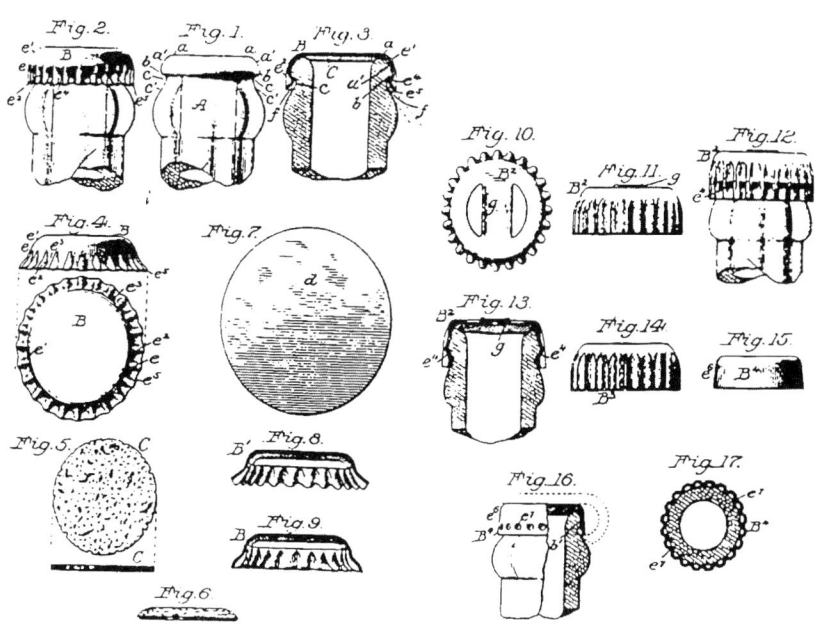

Sammlerserien, zum Beispiel bei Olympiaden – oder auch Gewinnspiele, beispielsweise mit Zahlen im Innenbereich der Kronenkorken. Auch Coca-Cola hat diese Passion schon werblich genutzt; erwähnt werden sollen hier zwei große Kampagnen: Die Aktion in den fünfziger Jahren unter dem Motto: »Sammeln Sie auch schon?« Dabei bekam man für acht Kronenkorken eine Miniaturflasche. Oder die Aktion von 1974 unter dem Titel »Entdecken Sie mit ...«: Auf den Kronenkorken und Schraubverschlüssen waren damals außen Fragen aus allen Bereichen und auf den Innenseiten dann die richtigen Antworten abgedruckt.

Weltweit gibt es riesige Kronenkorken-Sammlungen, die auch schon Eingang in das »Guinness Buch der Rekorde« gefunden haben. Mit deutlich über 50 000 Kronenkorken aus gut 100 Ländern liegt man noch nicht in der Spitzengruppe. Ganz überzeugte Kronenkorken-Sammler haben sich in Clubs organisiert und veranstalten auch Tauschbörsen. Und was nicht zuletzt für das Sammeln von Kronenkorken spricht: Der Platzbedarf hält sich in Grenzen.

Coca-Cola – Werbung und Verpackung

Welche Möglichkeiten der Werbung gibt es eigentlich? Da ist zunächst einmal die klassische Anzeigenwerbung in Zeitungen und Zeitschriften, dann der Plakatanschlag oder die Werbung im Radio, im Kino, vor dem Film, oder – ganz aktuell – im Fernsehen. Werbung mit zum Teil illuminierten Transparenten an Hauswänden gehört ebenso dazu wie die Hinweisschilder am Kiosk oder in der Gaststätte. – Soweit diese Sparte der Werbung.

Kunststoffbecher

Daneben gibt es noch die ebenso bedeutsame Werbung in Form der Produktverpackung. Dazu gehört bei Coca-Cola zum Beispiel die klassische Flasche, aber auch das Design der Dose, die Kisten und nicht zuletzt die Verkaufsautomaten. Des weiteren zählen hierzu die zahlreichen Verkaufshilfen wie Gläser und Pappbecher, Sonnenschirme und natürlich die unzähligen »Streuartikel«, beispielsweise Flaschenöffner, Streichholzbriefchen und und und ...

Werbung ist keine frei gestaltete Kunst, sondern zweckgebunden. Sie soll Emotionen und Bedürfnisse beim Verbraucher wecken. Das funktioniert nur dann, wenn das Design gelungen ist und gefällt.

Auftraggeber der Produktverpackung ist der Warenproduzent. Er erwartet vom Designer

einen Verpackungsentwurf, der zum einen sein Produkt
auf dem Weg zum Käufer schützt, andererseits aber
auch dafür wirbt, indem er eine Botschaft für alle Verbraucher sichtbar auf dem Distributionsweg ausstrahlt.
Resonanz beim Käufer und damit der finanzielle Erfolg,
das sind die Maßstäbe, an denen Werbedesign in erster
Linie gemessen wird – weniger beispielsweise die Rück-
sichtnahme auf Umweltbelange. Sonst würde es wahr-

Streichholzbriefchen

scheinlich keine Getränkedosen geben, und jede Umverpackung müßte entfallen.

Gutes (Werbe-)Design kann in seiner Zeit stilbildend wirken und damit auch die Werbung anderer Branchen maßgeblich beeinflussen.

Auf das für Coca-Cola entwickelte Design trifft das zweifellos zu. Die Kunsthistorikerin Christa Murken-Altrogge schrieb dazu in ihrem Buch (siehe S. 248): »Mit dem Werbedesign für Coca-Cola wurde in der Tat in den vergangenen Jahrzehnten ein Formengut entwickelt, das über das rein Zweckgebundene der Konsumwerbung insofern hinausging, als es prägend wurde für die Darstellungsinhalte der Unterhaltungsmedien und der Kunst.«

Wie das Produkt Coca-Cola und sein Werbedesign in die Kunst eingeflossen sind, wird an anderer Stelle in diesem Buch dargestellt (siehe S. 235).

Zu den wesentlichen Elementen im Coca-Cola-Design gehören die Flasche, der Schriftzug und das Vasentrinkglas. Unter funktionalen und ästhetischen Gesichtspunkten sind sie unumstritten, heute aber auch unter kunsthistorischen Aspekten anerkannt. An Flasche und Schriftzug haben sich im Lauf der Jahrzehnte viele Desi-

Täglich neue Schilder. Die Schildermaler in den Coca-Cola-Betrieben sind gut beschäftigt.

gner bei ihren Arbeiten formal angelehnt, ohne allerdings die Wirkung des Originals zu erreichen.

Die Einflüsse der jeweiligen Zeit sind in der Coca-Cola-Werbung gut nachweisbar. So beispielsweise ganz deutlich der Jugendstil, dann Art déco aber auch die jetzt bereits geschätzte Nierentischzeit der fünfziger Jahre. Nicht nur für den Coca-Cola-Sammler ist es faszinierend, die einzelnen Stileinflüsse zu entdecken und den steten Wandel zu beobachten. Irritiert zeigt sich der langjährige Beobachter immer dann, wenn plötzlich vertraute Elemente neuem Design in der Werbung weichen müssen. Christa Murken-Altrogge zog einen interessanten Vergleich, als sie anmerkte, ähnlich gehe es wohl dem Kunsthistoriker oder Kunstsammler: Wenn er sich mit einer abgeschlossenen Epoche beschäftigt, glaubt er in seiner eigenen Zeit nur Stillstand oder gar Rückschritt beobachten zu können. Design aber lebt und entwickelt sich weiter und regt zur Auseinandersetzung an mit dem neu geformten Zeitempfinden.

Festgeschrieben beim Coca-Cola-Werbedesign sind nur die Flasche, der Schriftzug und die Farben. Alle anderen Werbeträger befinden sich hinsichtlich ihrer Gestaltung im Fluß. So zum Beispiel Dosen, Trinkgläser, Pappbecher, Kühltruhen und Kühltaschen, Verkaufsautomaten, Kisten und Ständer, die Thekenzapfanlagen und so weiter. Die Werbeartikel, zum persönlichen Gebrauch für Geschäftsfreunde oder für die Verbraucher gedacht, werden stets nach den neuesten Modeströmungen gestylt.

Dazu gehören beispielsweise Feuerzeuge, Kartenspiele oder Spiegel und Wanduhren. Die branchenüblichen »Streuartikel«, massenhaft Kleinartikel, doch mit Erinnerungswert an die Marke, sind für den Verbraucher

Kugelschreiber

Bleistift

Einweg-Feuerzeug

bestimmt. So etwa Fähnchen für Kinder, Kugelschreiber oder Streichholzbriefchen und Flaschenöffner.

Neben der Medienwerbung wie Funk- oder TV-Spots, Kinowerbung oder Anzeigen in Zeitungen und Zeitschriften, gehört zum Design auch die Gestaltung der Gaststättenwerbung im Innenbereich und die Außenwerbung – beispielsweise an Hausgiebeln – sowie auch Plakate an Bus- oder Straßenbahnhaltestellen oder an den großen Standuhren im Stadtbereich. Nicht zu vergessen ist dabei das Fan- und Sammlerangebot im Novelty-Shop der Konzessionäre, vom Nostalgie-Artikel bis zum Modellauto mit Coca-Cola-Werbung, oder gar die aus leeren Coca-Cola-Dosen in Fernost entstandenen Harley-Davidson-Motorräder oder Hubschrauber und vieles mehr.

Kühltasche

Krawattennadel

Die Zahl der Werbeprodukte um Coca-Cola ist enorm vielfältig und wächst ständig an. Wenn sie schon in Deutschland kaum noch überschaubar ist, so ist sie in den USA noch wesentlich breiter gefächert – und das schon von Anfang an – und vielleicht auch eine Spur interessanter. Man muß Coca-Cola hier wie in den USA zugestehen, daß die Mehrzahl der Werbeartikel mit ausgezeichnetem Design Kunden und Sammler bestechen kann.

Partnerschirm

Coca-Cola, Coke und die »Swinging-line«: Die drei Erkennungszeichen

Wie die Form der Flasche, so ist der ursprüngliche Schriftzug ein absoluter Glücksfall für die Coca-Cola Company. Doch es genügt nicht nur, wie Beispiele in der Geschichte der Werbung zeigen, einem solchen Glücksfall zu begegnen – man muß solche Glückstreffer auch umsetzen. Auf den ursprünglichen Coca-Cola-Schriftzug trifft das ebenso zu, wie später, ab 1945, auf das kurze und prägnante »Coke« und die Wellenlinie, die »Swinging-line«, im Jahr 1970.

Der Schriftzug »Coca-Cola« ist älter als die berühmte kleine Flasche. Dieses charakteristische Schriftbild steht mit am Anfang der Erfolgsstory, als diese eigentlich noch gar keine war: Pembertons Buchhalter Frank Robinson zeichnete die später berühmte Schrift erstmals im Jahr 1886, dem Coca-Cola-Startjahr.

»Geschriebene Malerei« nannte Christa Murken-Altrogge das Schriftbild und sie bringt sein »Styling« auf den Punkt: »Der schwungvolle, dem Klang und Rhythmus des Wortes entsprechende Schriftzug Coca-Cola ist von klanglichem Reiz als auch von besonderer kalligraphischer Bedeutung.« Robinson entwarf den Schriftzug »Coca-Cola« in der zur Jugendstilzeit sehr bekannten »Spencerian«-Schrift.

Alte Werbemittel belegen, daß das Erscheinungsbild des Schriftzugs sich erst um 1893 im heute bekannten Design präsentierte. Vorher war die Schrift noch im Fluß.

Ein Kalenderblatt aus dem Jahr 1891 zeigt noch ein ganz anderes Bild: Der C-Schwungbogen bei »Coca« besitzt noch nicht den später typischen »Krummschwert«-

Die neue strenge Linie mit der »Swinging-line« 1970. Hier die beiden Varianten mit Coca-Cola und Coke.

Fortsatz. Und beim »Cola« lag der C-Schwungbogen noch unten – wie heute beim C von Coca.

Der charakteristische Wiedererkennungseffekt des Schriftzugs besteht in seiner dann gebräuchlichen, geschwungenen, weichen Linienführung.

Der Coca-Cola-Schriftzug verselbständigte sich schnell und wurde zum Emblem, vergleichbar etwa mit dem Lufthansa-Kranich, dem Mercedes-Stern oder der Shell-Muschel. Ein Vorgang, der von der Werbewirksamkeit her gar nicht hoch genug eingeschätzt werden kann.

Für die Fortführung des modernen Signets mit »Coke« und der »Swinging-line«, der Wellenlinie, gab es um 1970 für die Coca-Cola Company in Atlanta gute Gründe:

Die Vielfalt der im Lauf der Jahrzehnte entwickelten Formen, ausgehend vom roten Rundschild, führte dazu, daß die Einheitlichkeit des Erscheinungsbildes der Coca-Cola-Werbung ganz erheblich beeinträchtigt wurde. Das einheitliche Erscheinungsbild ist jedoch eine anerkannt wichtige Größe, wenn es um die Werbewirksamkeit geht. Das veranlaßte die Coca-Cola Company in Atlanta, im Jahr 1970 weltweit von den runden Schildformen auf die neue, rechteckige »Logomark« umzusteigen, verbunden mit der neuen »Swinging-line« und dem bisherigen Schriftzug oder der seit 1945 bereits geschützten Bezeichnung »Coke«.

Die Markenbezeichnung »Coke« war im amerikanischen Sprachgebrauch schon vor ihrer schutzrechtlichen Eintragung als »nickname« (Spitzname/Kurzform) verbreitet, ganz besonders bei den GIs. Die Festschreibung auf die Kurzform und der Einsatz in der Werbung entsprach der Forderung der Zeit: Fasse Dich kurz, Zeit ist Geld. Der Markenname Coke ist sicher von geringerer visueller Einprägsamkeit als der klassische

Coca-Cola-Schriftzug; er kommt aber bei der Jugend (besser) an.

Ob nun »Coca-Cola« oder »Coke«, seit 1970 befindet sich bei der Logomark unter dem Schriftzug die nun auch schon charakteristische Wellenlinie, von den Amerikanern »Swinging-line« genannt.

Sie entsteht als Lichtspalt oder Zwischenraum, wenn man zwei klassische Coca-Cola-Flaschen gegenläufig mit geringem Abstand nebeneinander legt. Die »dynamische Kurve« soll Frische und Schwung symbolisieren, wie die Werbeleute sagen, zum anderen bringt sie Assoziationen an die Flaschenform.

Die Essener Coca-Cola-GmbH begründete damals diese Maßnahme in ihren »Coca-Cola-Nachrichten« folgendermaßen: »In der Dekade der Informationsflut müssen wir nicht nur gefallen, sondern uns gegenüber der Fülle der Informationen und Reize durchsetzen.«

Nun ist weit mehr als eine Dekade seit der Änderung vergangen und die Flut der Informationen und Reize weit stärker geworden – der damals gewünschte Effekt aber wird noch immer erreicht, sonst hätte es wohl wieder eine Änderung gegeben.

Die 1970 für Coca-Cola nahezu revolutionäre Änderung im Erscheinungsbild hat den klassischen Schriftzug nicht verdrängt – Coke steht noch immer deutlich dahinter.

Die Dame trinkt nicht aus der Flasche – Die typischen Coca-Cola-Gläser im Wandel der Zeit

Wer seine Coke »eiskalt« – vorschriftsmäßig sind das vier Grad plus – im Freien oder beim Sport aus der kleinen Flasche (oder auch aus der Dose) trinkt, befindet sich in bester Gesellschaft und verstößt nicht gegen den Knigge, der allerdings auch noch keine Coca-Cola kannte. Weltmeister aller Disziplinen trinken aus der Flasche und auch US-Präsidenten tun das, sogar vor laufenden Kameras.

Im Restaurant jedoch, oder auch bei Feierlichkeiten, ist das Trinkglas noch immer das einzig »erlaubte« Gefäß für den Gast. So war das auch schon zur Fountain-Zeit im Soda-Saloon in den Vereinigten Staaten. »Damenhaft« war das Trinken aus kleinen Flasche eigentlich noch nie, es sei denn beim Sport.

Schon zu Candlers Zeiten war die Coca-Cola Company darauf bedacht, ihr Getränk möglichst auch in »gemarkten« Gläsern auszuschenken: Selbst beim Trinken hatte man dann stets den Namen Coca-Cola vor Augen. Eine wahrhaft intensive Werbung. Und so ist das bis heute geblieben.

Coca-Cola-Gläser sind beliebte Sammelobjekte und spielen in dieser Form auch eine besondere Rolle: Als Gegenstände des täglichen Gebrauchs stehen sie nicht angestaubt in der Vitrine, man trinkt daraus seine Coke oder andere Softdrinks.

Der Wandel im Trinkglas-Design verlief in über 110 Jahren Coca-Cola-Geschichte eigentlich überraschend zurückhaltend: Noch immer sind die bauchigen Tulpengläser – der Glastyp aus dem Jahr 1935 – verbreitet im Gebrauch; und das nun schon seit über sechzig Jah-

ren! Das sogenannte »Tiffany-Nostalgieglas« aus dem Jahr 1973 ist ebenfalls noch gebräuchlich; später kam noch der Schwenker hinzu – und das war es eigentlich schon, zumindest in Deutschland. Nebenprodukte wie das Light-Wellenglas oder der Bierseidel-Typ blieben kurzfristige Erscheinungen bei Promotionaktionen oder Olympiaden, regionalen Festen oder beispielsweise zu Weihnachten.

Nach diesem einleitenden Überblick doch nun der Reihe nach:

Begonnen hat alles mit den Fountain-Trinkgläsern, einem Becher- oder Kelchglas. Diese frühen Gläser wurden in einen Metallhalter mit Griff gestellt, wie man das heute beispielsweise noch bei Tee- oder Glühweingläsern kennt.

Genau definiert war dieses Fountain-Glas noch nicht. Es ist zylinder- oder kegelförmig bekannt, aber auch trichterförmig, oben dann leicht nach außen gewölbt. Diese

Bechergläser – sie trugen bereits die (eingeschliffene) Aufschrift »Drink Coca-Cola« – gab es spätestens seit der Jahrhundertwende. Der Metallhalter mit Griff war entweder durchbrochen oder mit einem massiven Reifen und teilweise ebenfalls mit dem Coca-Cola-Schriftzug versehen.

Mit diesen Gläsern startete Coca-Cola auch in Deutschland im Jahr 1929. Zu dieser Zeit und zu Beginn der dreißiger Jahre bahnte sich eine Änderung in der Glasform an: Das Becherglas der Anfangsjahre bekam im oberen Drittel eine leichte Ausbuchtung – man war auf dem Weg zum heute noch alltäglichen Coca-Cola-Trinkglas, dem Vasen- oder Tulpenglas, das im Jahr 1935 erschien. Wenn man schon das Flaschenvorbild bei der amerikanischen Glasmanufaktur Tiffany ausgemacht haben will, so gilt dies auch für das bauchige Vasenglas: Im Glasprogramm von Tiffany findet man um 1905 bereits eine dem neuen Coca-Cola-Glas verblüffend ähnliche kleine Vase.

Nostalgie-Gläser im Tiffany-Stil.

Das Vasenglas von 1935 änderte sich im Lauf der Jahrzehnte nur marginal: Mal verschob sich die Ausbuchtung etwas nach oben oder nach unten, mal wurde sie stärker, mal schmäler, mal war der Trinkrand wulstiger und mal dünner. Dünnwandig aber blieb das wohl bekannteste Trinkglas immer. Der Slogan »Drink (oder Trink) Coca-Cola« wurde eingeschliffen, eingeätzt oder weiß aufgedruckt. Es gibt folgende Größen: 0,2-, 0,3-, 0,4- und 0,5-Liter (oder entsprechende Größen im Ausland).

Dieses wirklich dünnwandige und damit besonders gefällige Trinkglas wurde zum wahren Dauerbrenner. Es ist heute nahezu überall in der Gastronomie zu finden, aber auch in vielen Haushalten, nicht nur bei den ausgesprochenen Coca-Cola-Fans.

Das sogenannte »Tiffany-Nostalgieglas« (Tiffany-Glassteinmuster) geht auf ein amerikanisches Original zurück, angelehnt an die bekannten Tiffany-Lampenschirme aus Glassteinen. In der Bundesrepublik wurde dieses Longdrinkglas ausgesprochen populär, als es im Jahr 1973 im damaligen »Coca-Cola Nostalgie-Bazar« (Aktion Frischwärts-Paß) angeboten wurde. Diese 0,2- und 0,3-Liter-Gläser sind noch heute in der Gastronomie üblich. Später kam das ebenfalls zylindrische »weiße« Longdrinkglas mit weißem Coca-Cola-Aufdruck, bekannt auch als »Cuba-libre-Glas«. Für die »gehobene« Gastronomie ist dieses Glas auch heute noch mit Goldrand und Goldschrift in den Größen 0,2-, 0,3-, 0,4- und 0,5-Liter erhältlich.
Die Bezeichnung »Promotion-Trinkgläser« gilt für alle bunt bedruckten Gläser, die anläßlich einer besonderen Coca-Cola-Werbeaktion gefertigt wurden. Dazu zählen auch die sogenannten »Saisongläser« wie die vor allem in den USA sehr beliebten Weihnachtsgläser und die »Gelegenheitsgläser«, hergestellt zu Olympiaden, Weltmeisterschaften oder zu anderen großen Sportereignissen, beispielsweise zur Kieler Woche, zu bekannten Radrennen oder auch zu Golf-Events.
Im Sommer 1997 erschien ein neues zylindrisches Promotionglas mit dem roten, runden always-Motiv.
Promotiongläser wurden auch für Coca-Cola-light produziert; entsprechend geformt sind sie bekannt als »Wellengläser« und haben ein Fassungsvermögen von 0,3- und 0,4-Liter.

Das eigentlich untypische (Bier-)»Seidel« mit weißem
Coca-Cola-Aufdruck, Inhalt 0,5-Liter, wird in Deutschland vielleicht einmal zur Rarität: Es entspricht der »üblichen« Bestellmenge der Touristen aus den USA zum
Essen und wird so zum beliebten Souvenir aus Germany, allein schon durch seine typisch »bayrische«
Form ...

Der Coca-Cola-Schwenker, das »Cognac-Glas« mit Goldschrift, kam 1985 mit 0,3-Liter-Inhalt in die »gehobene« Gastronomie; »gehobene Gastronomie« – ein von den Coca-Cola-Leuten intern verwendeter Terminus. Ein Jahr später folgte dann das größere 0,4-Liter-

Mexico olé! Der Schwenker mit dem Maskottchen-Trinkhalm anläßlich der Fußballweltmeisterschaft 1986.

Glas. Übrigens: Die stete Vergrößerung des Glasinhalts entspricht einem Bestelltrend, soll natürlich auch den Umsatz fördern und Raum schaffen für Eiswürfel: Coca-Cola eiskalt!

Sam's Cup aus dem Jahr 1986.

Bedruckte Pappbecher, hauptsächlich für den Outdoor-Bereich und generell beim Sport, hat es schon lange vor dem Zweiten Weltkrieg gegeben. Die frühen Ausführungen bestehen aus gewachster Pappe, später wurden sie kunststoffbeschichtet oder ganz aus Kunststoff hergestellt.

Beliebt in den Fast-Food-Ketten sind die Deckelbecher mit Trinkhalm, für die es auch Automaten gibt. Ein massiver, knallroter Kunststoffbecher, in der Coca-Cola-Sammlerszene recht lieblos »Zahnputzbecher« oder »Knobelbecher« genannt, fand keine große Verbreitung. Der hingegen wohl schönste Coca-Cola-Becher ist der anläßlich einer Promotionaktion im Jahr 1986 für Nobeldiskotheken hergestellte 0,4-Liter »Sam's Cup«, ein umgedrehter Zylinder in Anlehnung an die Kopfbedeckung von »Uncle Sam«, Amerikas heiterer Symbolfigur.

Gelbe Kisten
und rote Sixpacks

Im Gegensatz zu fast allen anderen Sparten in der Coca-Cola Organisation verlief die Entwicklung der Transportkisten in Deutschland völlig abweichend vom amerikanischen Vorbild. Zwar blieb der Kisteninhalt mit jeweils 24 Flaschen gleich, doch überragen die deutschen Kisten ihre amerikanischen Brüder bei weitem. Während die gestapelten amerikanischen Kisten beim Transport heftig auf den Kronenkorken rieben – und somit die werbewirksame Bedruckung zerrieben –, ließen sich die deutschen Kisten deutlich sicherer und damit auch höher stapeln.

Bereits um 1900 hatten die Amerikaner solch hohe Kisten ausprobiert, konnten in ihnen aber keinen höheren Nutzen erkennen, sahen hingegen nur die Materialmehrkosten und das höhere Gewicht. Also zimmerten sie ihre halbhohen gelben oder roten Holzkisten weiter, und im Gegensatz zu Deutschland übernahmen viele andere mit dem neuen Getränk beglückte Länder die flachen Originalkisten.

Schon in den fünfziger Jahren wurden die Holzkisten durch leichtere und verschleißärmere Kunststoffkästen ersetzt, die dann ganz schnell die altehrwürdigen Holzkisten ablösten.

Der heutige Kleinflaschen-Kunststoffkasten ist gelb und trägt die Wellenlinie, die Swinging-line aus dem Jahr 1970. In den roten Kästen werden Großgebinde der Coca-Cola Organisation transportiert.

Kisten als Sammelware? Das muß nicht sein! Aber wer könnte schon achtlos an einem uralten Holzwrack mit Resten gelber Farbe vorbeigehen? Und als Vorrats-

Die Kisten heute: Die rote Kunststoffkiste für Großflaschen und die kleinere gelbe Kiste für die traditionellen Glasflaschen.

oder Leergutbehälter wäre dieser Veteran ja tatsächlich noch brauchbar ...

Die berühmten und für Coca-Cola typischen »Six-packs«, die Sechs-Flaschen-Träger, haben eine lange Tradition. Erfolgreich begleiteten sie die amerikanische »Take-home«-Kampagne in den Jahren 1923/24. Die Slogans von damals: »Take home a Carton« und »It's easy to take Coca-Cola home«.

DRINK Coca-Cola
Take home a Carton
It's easy to carry

Die ursprünglichen Sixpacks von 1923.

Diese ersten Six-packs, damals noch »Six-bottle-carton« genannt, waren rundum geschlossen, wie man das heute von Geschenkpackungen für Wein her kennt. Der hellbraune Karton war rot bedruckt. So blieb das bis in die dreißiger Jahre. In den sechziger Jahren wurden die Sixpacks auch einmal zu »Eightpacks«. Das wurde allerdings kein Erfolg. Entweder lag es am deutlichen Mehrgewicht oder an den lieben Gewohnheiten. Schon in den fünfziger Jahren hatte man es einmal mit einem 12er-Pack versucht. Sixpacks gab es nicht nur für die kleinen, sondern auch für die deutlich schwereren 0,5-Liter-Flaschen; dafür jedoch mit etwas mehr Karton zur Verstärkung.
Die Sixpack-Idee führte auch zur Entwicklung stabiler Dauerträger. So gab es in den dreißiger Jahren schon Pappträger mit einem Drahtbügel und Holzgriff. In den vierziger und fünfziger Jahren versuchte man es mit Trä-

gern aus dünnem Spanholz (wie Spanschachteln) oder aus Aluminium.

Die Ausstattung der heutigen Sixpacks ist ziemlich reduziert im Vergleich zu den früheren Trägern. Der allgemeine Zwang zur Abfallvermeidung führte dazu, daß zunehmend nur noch (dünnes) Papier für Sixpacks eingesetzt wird – auch bei den Dosen-Sixpacks.

Der klassische Sixpack, hier für 0,33-Liter-Flaschen.

Die Dose: Behälter und Werbung – Pro und Contra

Die Dosen: Für viele ein Greuel, denn leere Bier- und Limonadendosen säumen heute alle Straßen der Welt, für die Abfüller ein gutes Geschäft, denn erst diese Verpackung hat die beinahe grenzenlose Verbreitung von Coca-Cola ermöglicht. Als praktischer Getränkebehälter beim Picknick und beim Sport avancierte die Dose zur Getränkeverpackung für den Outdoorbereich schlechthin. Getränke in dünnwandigen Dosen lassen sich gegenüber den dickwandigeren, schweren und auch noch zerbrechlichen Flaschen leichter kühlen und transportieren. Solche Argumente führten schnell zur Verbreitung dieser Verpackungsart.

Andererseits bringen die Dosen auch große Vorteile für den Handel: Hohe Stapelfähigkeit der 24-Dosen-Kartons, weniger Gewicht, kein »geordnetes« Leergut-Sammeln und auch der Rücktransport in den Füllbetrieb entfällt. Bei der Distribution werden mit den Dosen also hohe Kosten gegenüber der Glas-Mehrwegflasche und natürlich auch gegenüber der Kunststoff-Mehrwegflasche gespart.

Die Dose ist voll recyclefähig – doch dazu muß sie leer an zentrale Sammelstellen zurückgebracht werden. Und genau hier liegt das Problem, also beim Verbraucher. Doch wer sagt, daß dieses Problem allein mit den berühmten kleinen Konturenflaschen auf dem Pfandweg vermeidbar wäre? Vermutlich würde das auch nicht funktionieren. Denn geringe Pfandbeträge sind heute offensichtlich kaum eine Hemmschwelle. Es ist anzunehmen, daß dann kaum weniger Flaschen an den Autobahnauffahrten oder an den Waldrändern liegen würden, als dies derzeit mit den Dosen der Fall ist. Und die Flaschenscherben würden dann zusätzlich noch für Probleme sorgen.

Dies war nun kein Plädoyer für die Dosenindustrie, sondern die nüchterne Bestandsaufnahme von Fakten aus der Alltagssicht eines Verbrauchers.

Die Startdose in der Bundesrepublik 1963.

Mehr als die Flasche kommt die Getränkedose der Werbeforderung entgegen, die da heißt »die Verpackung ist die Marke«. Ihre große bedruckte Fläche hat hohe Signalwirkung.

In jedem Jungen steckt ein kleiner Sammler. Diese Tatsache nutzen auch die Hersteller von Schokoladen-»Überraschungseiern« oder auch die Fast-Food-Ketten mit ihren Beigaben. Das ist eine gezielte Werbung mit Blick auf einen bereits bestehenden oder künftigen Kundenkreis oder darauf, daß Kinder Einfluß nehmen, was ihre Eltern einkaufen. (Früher gab es beispielsweise Zigarettenbilder oder Margarinefiguren als Sammel-Beigaben.)

Diese Chancen nutzen die Coca-Cola-Werber mit ihren buntbedruckten Dosen, die zu begehrten Sammelobjekten geworden sind. Selbst leer sind diese noch gute Werbeträger. Hat der Sammler erst einmal eine Dose mit einer von ihm favorisierten Abbildung, will er auch alle anderen Dosen dieser Serie haben. Zu einer Serie gehören natürlich immer mehrere Dosen: 12, 18 oder auch mehr sind durchaus üblich. Und da sie nicht immer alle gleichzeitig im Warenregal auftauchen, muß der Fan mehrmals in den Laden ... Typische Sammelserien dieser Art sind die Dosenreihen »Fußball-Bundesliga«, die Rock- und Popserie mit Bon Jovi, Westernhagen, Otto und anderen Stars der Unterhaltungsbranche, alle von Coca-Cola herausgegeben um 1993.

Diese Fanserien wenden sich also weniger an den Coca-Cola-Sammler, mehr an den Fußballfan oder junge Freaks der heutigen Musikszene. Ein Coca-Cola-Generalsammler oder ein Werbemittelsammler stellt sich bestimmt nicht allzu viele bunte Dosen ins Regal. Ihm genügt meist ein Belegstück für eine bestimmte Serie oder die Bauart der Dose. Ganz anders denkt ein Dosen-Spezialsammler. Ihm bereitet vor allem die große Vielfalt der Dosen-Lithographie Freude, und er wird sich auch bemühen, möglichst viele Serien auf Vollständigkeit zu sammeln.

Vom Dosenwert her ist dies zwar kein teures Unternehmen, jedoch mit umfangreicher Korrespondenz und auch mit häufigen Börsenbesuchen (siehe S. 204 ff.) verbunden, wenn die Sammlung über die aktuellen Ausgaben hinaus rückwärts gerichtet ist.

Schon in den dreißiger Jahren wurden interne Versuche mit einer Dose, die mit einem üblichen Kronenkorken verschlossen werden sollte, unternommen. Solche Dosen mit 16 oz. und 32 oz. Inhalt kamen dann erstmals zwischen 1940 und 1942 in Testgebieten in den USA in die Supermärkte. Doch mit dem Eintritt der USA in den Zweiten Weltkrieg kamen diese erfolgversprechenden Versuche vorerst zum Erliegen. Denn auch in den USA war Blech knapp und wichtig für den Krieg. Diese frühen Dosen bezeichnet man heute mit »Cone-Style« (konischer Stil); sie hatten noch einen konischen Hals, wie man das lange von Öl- oder Reinigungsmitteldosen kannte. Diese ersten Typen

Die Versuchsdose mit dem Kronenkorken aus den dreißiger Jahren.

von Coca-Cola-Dosen waren rot bedruckt oder beklebt und trugen unten einen grünen Ring mit der (übersetzten) Aufschrift »abgefüllt für den Gebrauch zu Hause oder im Freien.« Damit war die Zielgruppe definiert.

Unmittelbar nach dem Ende des Zweiten Weltkriegs, 1945, wurden bei Coca-Cola wieder Designstudien für die Dosenentwicklung aufgenommen.

Der nächste Schritt in den frühen fünfziger Jahren war die Entwicklung einer Dose für die im Pazifikbereich stationierten US-Streitkräfte. Diese Dose war – auch in den USA – erst 1960 für die Zivilbevölkerung verfügbar. Als erste auf dem amerikanischen Inlandsmarkt angebotene Coca-Cola-Dose trug sie ein weißes Karo auf rotem Untergrund mit dem Schriftzug in der Spencer-Schrift. Die Einführung der Dose war ein großer Erfolg, der Umsatz wuchs schnell. Bereits ein Jahr zuvor, 1959, hatten in den Supermärkten der Neuenglandstaaten und von Kalifornien die Tests mit der 12 oz.-Dose und flachen Deckeln begonnen.

1963 wurde die Lithographie der Dose mit der Konturenflasche ergänzt und alle anderen, früheren Modelle liefen nach und nach aus. Das Jahr 1963 war auch das Startjahr für die Coca-Cola-Dosen in der Bundesrepublik Deutschland. Mit dem Einführungsslogan »... für unterwegs: Coca-Cola in Dosen« wurde der deutsche Markt vorbereitet.

Im Jahr 1966 wurde in den USA das sogenannte »Harlekin«-Design der Dosen eingeführt: Kleine auf der Spitze stehende Karos, abwechselnd in Rot und Weiß, mit der ebenfalls wechselnden Inschrift Coca-Cola oder Coke. Im April 1969 kamen die Großpackungen mit 24 Dosen auf den Markt.

Dosen im Design von 1997.

Zu dieser Zeit begann auch der Wechsel im Dosenmaterial. Er führte vom traditionellen Weißblech über

Stahldosen zum leichten Aluminiumblech. Die altbekannte Weißblechdose wurde bis zur Ablösung durch die Aluminiumdose ständig in ihrer Qualität maximiert. So hat man beispielsweise das Eigengewicht der Dose in den Jahren zwischen 1965 und 1985 um fast 50 Prozent verringert und auch die Zinnauflage auf dem Blech – daher »Weißblech« (tin plate / Zinnblech) genannt, im Gegensatz zum natürlichen Schwarzblech – wurde zwischen 1973 und 1985 halbiert. Doch dann folgte die noch leichtere Dose aus behandeltem Aluminiumblech.

Die große Veränderung im Design erfolgte 1970 mit der »dynamischen Logomark« und der Wellenlinie. In den USA startete man einen Testverkauf mit 16 oz.-Dosen. Zwischen 1969 und 1976 nahm der Verkauf von Coke in Dosen dort einen nahezu dramatischen Verlauf mit jährlich zweistelligen Zuwachsraten. Eine Besonderheit ist auch für 1985 zu melden: Coca-Cola entwickelte

Normale Dose, kleine Dose: Die Minidose mit 0,15-Liter ist in Holland im Handel und wird auch von Fluggesellschaften geordert.

eine »Weltraumdose« für die Astronauten der Space-Shuttle-Missionen. Die »Coca-Cola-Space-Can«, eine Stahldose mit Mundstück, hat unter anderem ein Trinkventil und einen Streifen Klettband zum Halt an der Kabinenwand. Im Jahr 1987 erschien die 0,5-Liter-»Maxi-Dose« auf dem Markt.

Eine technische Verbesserung für irdische Verhältnisse kam 1989: Anders als der bisher übliche Abreißring bleibt die neue »Stay-on« (»bleibt dran«)-Version auch nach dem Öffnen mit dem Dosendeckel verbunden. Dazu Coca-Cola: »Was dran bleibt, kann auch nicht achtlos weggeworfen werden. Und was nicht herumliegt, kann auch niemanden verletzen und verschmutzt nicht die Umwelt.« Sauber gesagt!

In dieser Zeit wurde der Deckeldurchmesser merklich verkleinert, die neue Dose wirkt dadurch oben deutlich nach innen gewölbt. Natürlich wurden und werden von Zeit zu Zeit Veränderungen am Design der Dosen vorgenommen, die die Coca-Cola Company auch für andere Produkte übernimmt. Eine vielbeachtete Dosenvariante wurde 1997 in den USA getestet und ihre weltweite Einführung ist wohl nur noch eine Frage der Zeit: Die Konturendose! Diese Aluminiumdose wurde ähnlich der berühmten kleinen Flasche gestylt, mit einer wirklich praktischen Grifftaille – denn wem ist nicht schon einmal eine glatte Dose durch die Finger gerutscht?

Die Idee zu dieser der Urform angepaßten Dose ist bestimmt nicht neu. Mit einer für Coca-Cola so typischen »Taillendose« hätte sich die Company schon früher noch deutlicher von anderen Getränkemarken absetzen können; doch es gab große Schwierigkeiten mit der Herstellung einer in dieser Art geschwungenen Dose, die nun erst von der Blechembalagen-Industrie überwunden werden konnten.

Am Design dieser Dose hat sich viel geändert: Die 1970 kategorisch eingeführte Wellenlinie ist wieder verschwunden, auch nicht mehr rudimentär vorhanden. Die weiße ursprüngliche Spencer-Schrift von Coca-Cola ist geblieben und nun deutlich mit einem wirklich auffallenden Schatten hinterlegt. Dazu kam das runde »Always«-Schild mit der Flasche.

Eine neue Dosengeneration rollt in die Geschäfte – in Wiesen und Wälder leider auch.

Die »aufregende« Konturendose von 1997. Hier noch als Testmodell.

Ich war eine Dose – »Spielzeug« aus Recyclingmaterial

Was tun mit einer leeren Dose? Wenn man sie sich als Coca-Cola-Sammler schon nicht ins Regal stellen will, dann sollte man sie als ordentlicher Mensch dem Recycling-Verfahren zuführen. Dies kann auf zweierlei Art geschehen: einmal in Form der regulären Entsorgung, oder, als schönere Variante, in Form der Weiterverarbeitung der leeren Coca-Cola-Dose aus Aluminium zu einem Pseudo-Spielzeug für die nicht mehr ganz so kleinen Kinder im Sammleralter. Denn ausgesprochenes Kinderspielzeug entsteht in diesem Fall nicht: Die neu produzierten Modelle haben alle messerscharfe Kanten und gehören somit vorsorglich nicht in Kinderhände.
Neu ist die wohl ursprünglich in den neunziger Jahren in Vietnam entstandene Recycling-Idee nicht. Denn schon 1986 berichtete das Coca-Cola-Journal vom ähnlich zusammengestellten »Coke-Van«, gebastelt von einem Gelsenkirchener Schüler. Daß gerade das von einem langen Krieg überzogene Vietnam Ausgangspunkt dieser heute in Fernost vielfach praktizierten Recycling-Kunst sein soll, ist durchaus glaubwürdig. Denn in Deutschland gab es nach 1945 reichlich Parallelen. Hier entstand damals viel (echtes) Blechspielzeug aus den leeren Dosen der amerikanischen Soldaten, die sogar bekannte Spielzeugfabriken wie zum Beispiel »Kibri« in Böblingen verarbeitet haben.

Die Palette der Modelle aus Dosen ist riesig. Da gibt es Autos aller Arten und Größen – sogar die gute alte Citroën-Ente ist dabei –, Flugzeuge, Hubschrauber, Dampf- oder Segelschiffe, Roboter, Motorräder – besonders aufwendige Nachbildungen der legendären Harley-Davidson –, eine Vespa oder auch die typisch asiatischen Fahrzeuge wie Rikschas oder die ständig überladenen »Tuck-Tucks«. Wer einen Coca-Cola-Briefkasten haben will – bitte, auch das gibt es im traditionellen Rot-Weiß.

Oder einen Zeppelin, eher einen Blimp? Und ganz exklusiv – und im wahrsten Sinn des Wortes »ganz heiß« –, läuft der Coca-Cola-Fan durch die Gegend, wenn er die Blechkappe im Baseballstil aus Dosenblech trägt ... All das und noch mehr, hergestellt aus alten Coca-Cola-Dosen, gibt es zu einem annehmbaren Preis. Darüber hinaus bekommt man beim Kauf dieser Dinge noch das angenehme Gefühl, etwas dafür getan zu haben, daß die leeren Dosen nicht am Straßenrand oder im Wald gelandet sind.

Die Bezugsquellen: Manche Coca-Cola-Betriebe führen diese netten Basteleien aus Fernost in ihren Novelty-Shops (spezialisierte Sammlerläden innerhalb der Kon-

Aus der leeren Dose wurde ein attraktives Modellmotorad.

Auch ich war eine Dose: Das kleine Flugzeug.

zessionärsbetriebe). Eine Nachfrage lohnt auch in den Geschenkboutiquen in Citylagen der Großstädte. Selbst Versandhäuser bieten diese Artikel schon an. Schließlich bleibt noch der Bummel über Jahr- oder Weihnachtsmärkte und natürlich der Besuch einer Coca-Cola-Sammlerbörse (siehe S. 204 ff).

Schildmütze aus Coca-Cola-Dosen.

Coca-Cola-Pins zu allen Gelegenheiten – Ein eigenes Sammelgebiet

Marken-Anstecknadeln gibt es nun schon seit nahezu hundert Jahren. Im großen Stil begann die Pin-Sammelei (Pin / Nadel) jedoch in den fünfziger Jahren, mit den Abzeichen der Auto- und Motorradmarken. Damals waren die Pins noch wirkliche Anstecknadeln und Mutters ausgedientes Sofakissen wurde in der Tat zum Steckkissen. Das Sammeln von Pins kam in Mode, und heute haben die Pinfreunde zum Beispiel auf der Internationalen Automobil-Ausstellung (IAA) in Frankfurt am Main ihren eigenen Treffpunkt mit regem Tauschgeschäft. Auf jedem Oldtimertreffen findet man Marktstände für Pin-Sammler – und Coca-Cola ist immer dabei.

Die heutigen Pins haben sich in zweifacher Hinsicht gewandelt: Sie werden kaum noch in der Öffentlichkeit am Jackett getragen, und dann hat sich das Modell als solches verändert: Die frühere lange Nadel ist verschwunden – wobei es allerdings auch Ausnahmen gibt – und einem kurzen spitzen Dorn gewichen – ähnlich der allbekannten »Reißzwecke«. Gesichert wird dieser kurze Dorn nun von hinten mit einem »Steckverschluß«: Eine Scheibe mit zwei Federlaschen »entschärft« so die Dornspitze.

Die heutigen Pins sind meist direkt auf den Sammler zugeschnitten und wandern somit gleich nach ihrer Edition in die Sammlerschubladen oder an die Pinwand im Sammlerzimmer.

Mit ihren Pins wenden sich die Markenhersteller vornehmlich an junge Sammlerkreise. Diese jungen Sammler jedoch sind die Entscheidungsträger von morgen –

oder im Fall von Coca-Cola – die Kunden von heute und morgen. Die Sammler von Coca-Cola-Pins haben gleich zwei gute Kontaktchancen zum Erwerb ihrer Lieblingsstücke: Einmal die Treffen der Pin-General-sammler und dann die Coca-Cola-Börsen, bei denen diese ebenfalls vertreten sind.

Revers-Pins

Die meist goldglänzenden, emaillierten Coca-Cola-Pins der letzten Jahrzehnte decken alle nur denkbaren inter-nationalen und nationalen Ereignisse ab, vorrangig auf dem Sportbereich. Einige Beispiele aus dieser Zeit: Die Olympiaden oder die Fußballweltmeisterschaft in den USA.

Natürlich gibt es auch alle Coca-Cola-typischen Wer-beelemente in Form von Pins. So die Flasche vor run-dem, rotem Grund oder Coca-Cola Classic und den Coca-Cola-Schriftzug vor der Weltkugel. Die Sixpacks wurden zu Pins, zum Beispiel 1989, Coca-Cola in bottles oder das typische Glas, beides 1987, dann im Jahr 1989 wieder die Flasche und auch der Becher oder die Dose. Natürlich verwendete man auch den Schriftzug mit dem Zusatz »icecold« oder den berühmten Santa Claus von Coca-Cola neben der Flasche. Dann der Erfolgsslogan »Softdrink of Europe '93« und selbstverständlich ab diesem Jahr auch Pins mit »always« – und dann alles in Serien oder mit kleineren Motiv- oder Schriftveränderungen und in verschiedenen Größen.

Eine Besonderheit aus deutscher Sicht stellt die Pin-Edition aus dem Jahr 1990 dar: Die Wiedervereinigungs-Nadel mit der roten Deutschlandkarte und dem Schriftzug Coca-Cola von West nach Ost.

Die Preise für Pins sind – mit einigen wenigen Ausnahmen – auch für junge Fans durchaus erschwinglich, und man findet bei fast allen Meetings schöne Stücke. Mit den Pins hat der Coca-Cola-Fan ein überschaubares Sammelgebiet gewählt, das zudem wenig Platz beansprucht.

Der freundliche Weihnachtsmann: Ein Kind von Coca-Cola

Die heute in der Werbung übliche Darstellung des »guten, alten Weihnachtsmanns« ist viel jünger, als man allgemein annimmt: 1931 hat ihn ein cleverer Werbemann von Coca-Cola neu gestaltet und ihm sein heutiges Aussehen verliehen: Die rundliche Figur, die Stupsnase und die Pausbacken, sein freundliches Schmunzeln und natürlich die Festschreibung der Farben Rot und Weiß. Der Sammler Jürgen Pintscher brachte das Bestreben der Coca-Cola-Werber einmal auf den Punkt: »Sie schufen die richtige Kombination aus Güte und Verkaufsüberzeugung.«

Bevor Coca-Cola sich der Typisierung des Weihnachtsmanns angenommen hat, war der Nikolaus (Santa Claus) auch in den USA meist eine hagere Gestalt mit eher strengem als gütigem Blick. Sein Mantel war, je nach Geschmack und Vorliebe seines Gestalters, mal blau oder grün, dann wieder braun oder violett und natürlich auch rot. Einen weißen Pelzbesatz am Mantel, wie er dann später üblich wurde, sah man noch selten.

In den dreißiger Jahren ging dann die Coca-Cola-Version des werbefreundlichen Weihnachtsmannes um die Welt. Selbst im nationalsozialistischen Deutschland warb der neue Weihnachtsmann mit Erfolg für die Getränkemarke aus den USA. Nach dem Zweiten Weltkrieg war er wieder da, allgegenwärtig jetzt auch als Werbefigur für Bier oder Modellbahnen. Die einstige Werbefigur von Coca-Cola ist Standard geworden.

Begonnen hatte alles im Jahr 1931 mit dem Auftrag der Company an Haddon Sundblom, eine Weihnachtsanzeige zu entwerfen. In diese Anzeige, so hatte man vereinbart, sollte er seine Vorstellung vom Weihnachtsmann einbringen. Sundblom, im Jahr 1899 in Chicago geboren, war damals bereits ein erfolgreicher Werbezeichner.

Die Anzeige mit seinem Santa Claus erschien dann erstmals zu Weihnachten 1931 in der Zeitung »Saturday Evening Post«. Mit dem ersten Coca-Cola-Nikolaus – ursprünglich in Öl auf Leinwand gemalt – begann eine Tradition: In den folgenden 35 Jahren schuf Haddon Sundblom jedes Jahr einen einzigartigen Nikolaus für die Weihnachtswerbung der Company.

Modell stand ihm anfangs ein Freund aus Chicago, ein pensionierter Coca-Cola-Verkaufsfahrer namens Lou Prentice. Sundblom fand, daß sich das Gesicht von Prentice ausgezeichnet eigne für die gesuchte Vision vom gütigen Santa Claus – freundlich, großväterlich und mit vielen Runzeln. Diese Runzeln schienen glückliche Runzeln zu sein, denn immer wenn Lou Prentice lächelte,

zeigten sie sich besonders schön. Später soll Sundblom dem Santa Claus seine eigenen Gesichtszüge verliehen haben. Sundblom starb 1976, doch sein Werk lebt weiter, jedes Jahr zur Weihnachtszeit. Er hat den weltweiten Typ des Weihnachtsmanns geschaffen.

Coca-Cola-Werbung mit Spielzeug

Schon bald nach dem neuen Start von Coca-Cola in der Bundesrepublik war es für jeden Spielzeugdesigner nahezu Pflicht, sich bei seinen Entwürfen um ein realistisches Abbild der Wirklichkeit zu bemühen. Beispiele aus den fünfziger und sechziger Jahren findet man bei den Spielzeugherstellern Karl Bub und Schuco. Die bunten Bub-Bahnhöfe zieren Coca-Cola-Schilder ebenso wie die »Snackbar-Stopstelle« zur Varianto-Autobahn von Schuco. Zu dieser Zeit förderte die Essener Zentrale solche Bemühungen. Heute behandelt Coca-Cola allerdings die Lizenzvergabe an Modellhersteller ziemlich restriktiv.

Sprungseil mit Coca-Cola-Griffen.

Die Firma Technofix baute zwischen 1956 und 1965 eine »Verwandlungsbahn« aus Blech. Dabei fährt ein »City-Bus« in eine überdachte Station und kommt mit einem dort aufgesetzten Oberdeck wieder heraus. Dieses Oberdeck ist rundum mit Coca-Cola-Werbung bedruckt.

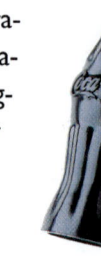

Sehr bekannt und gesucht ist das aus lithographiertem Blech gefertigte Modell eines Coca-Cola-Lieferwagens des Nürnberger Spielzeugherstellers Tipp & Co. Gebaut wurde dieser VW-Pritschenwagen von 1956 bis 1970. Er ist bestückt mit sechs abnehmbaren Getränkekisten in Gelb und Rot.

Kleine Coca-Cola-Lieferwagen haben ebenfalls schon in den fünfziger Jahren Matchbox/Lesney in England (Metallspritzguß) und Wiking (Kunststoff) hergestellt. Der Berliner Marktführer auf dem Sektor der 1:87-Modellautos hatte ab 1955 gleich zwei Coca-Cola-Transporter im Programm: den Ford-V8-LKW und den Mercedes 3500. Diese kleinen Automodelle wurden ohne (abnehmbare) Getränkekisten geliefert. Roskopf, ebenfalls in Berlin beheimatet, fertigte um 1985 exklusiv für den Schweizer Markt einen Saurer-LKW mit Coca-Cola-Werbung in französischer Sprache. Albedo, der Heilbronner Modellauto-Hersteller, hatte jahrelang eine Exklusiv-Lizenz aus Atlanta für die Bedruckung seiner LKWs mit Coca-Cola-Werbung, die im Spielzeughandel angeboten wurden. Diese Modelle werden heute in den Novelty-Shops der Coca-Cola-Abfüller oder Vertriebsfirmen verkauft.

Der bekannte VW-Bulli als Coca-Cola-Lieferwagen. Hier das gesuchte Blechmodell von Tipp & Co aus den fünfziger Jahren mit abnehmbaren Kisten.

Neben diesen bekannten Marken lieferten noch viele andere Hersteller in Europa, den USA oder Asien Spielzeug oder Modelle im Coca-Cola-Design.

Auf Modelleisenbahnen ist das Coca-Cola-Markenzeichen recht häufig zu finden. Ein markantes Beispiel: die S-Bahn im Märklin-Katalog der Jahre 1995/96. Bereits 1979 fertigte Märklin einen Kühlwagen mit Coca-Cola-Beschriftung für den dänischen Markt. Restbestände wurden später in der Bundesrepublik angeboten. Richtig große Eisenbahnwagen – (es sind amerikanische Drehgestell-Güterwagen) – mit Coca-Cola-Werbung findet man bei LGB, der Lehmann-Groß-Bahn. Diese Modelle wurden vornehmlich für den amerikanischen Markt gefertigt.

Aber auch in den Spielzeug-Kaufläden der fünfziger Jahre fehlte Coca-Cola nicht. Kisten und der Sechserpack

Original und Modell: Der S-Bahn-Zug von Märklin aus dem Katalog 1995/96.

Wagen für alle – made by Märklin

4393 Wagen-Set "S-Bahn".
Mit aktueller Ganzwagen-Werbung. Packung besteht aus 3 Rhein-Ruhr-S-Bahn-Wagen: 1 S-Bahn-Wagen ABx 791.1, 1. und 2. Klasse, 1 S-Bahn-Wagen Bx 794.1, 2. Klasse, 1 S-Bahn-Wagen mit Steuerabteil Bxf 796.1, 2. Klasse, mit beleuchteter Zieltafel an der Stirnseite. Schilder für Zieltafel liegen bei. Gesamtlänge 74,6 cm.
Gleichstrom-Radsatz 70 058

Alle Wagen in Sonderausführung. Einzeln nicht erhältlich.

Einmalige Serie 1994 für die Märklin-Händler-Initiative.

aus Pappe mit Flaschen aus Glas oder Kunststoff regten hier die Nachfrage an. Solche Miniflaschen gab es auch als Preis bei Coca-Cola-Gewinnspielen.

Eine Barbie-Puppe im aufwendigen Geschenkkarton durfte zum Coca-Cola-Jubiläum im Jahr 1986 nicht feh-

Ein typisch amerikanischer Spielzeug-Truck.

len. Ob das aber noch echtes Spielzeug ist, darf man bezweifeln.

Echtes Kinderspielzeug im Coca-Cola-Design – also keine naturgetreuen Modelle für Erwachsene – ist sehr rar. Denn diese Stücke treffen gleich auf zwei Interessentenkreise: auf die große Gilde der Spielzeugsammler und auf die Coca-Cola-Freunde.

Aus Fernost kommen heute Autos, Motorräder, Flugzeuge oder Hubschrauber, geschnitten und gebogen aus recycelten Coca-Cola-Dosen, die ihre Herkunft durch noch vorhandenen Originaldruck verraten. Diese netten Spielereien, meist in Geschenkboutiquen angeboten, sind allerdings kein wirkliches Kinderspielzeug – dafür sind schon ihre Kanten viel zu scharf – und offizielle Coca-Cola-Werbemittel sind sie auch nicht. Aber als sammelwürdig gelten diese ideenreichen Schaustücke allemal.

Sammlerstücke aus dem Werbemittel-Katalog – Lizenzartikel, was ist das?

Kleine Geschenke erhalten die Freundschaft. Diese Lebensweisheit gilt auch für Coca-Cola, und die Essener Zentrale handelt danach: Sie hat für ihre Abfüller und Vertriebsfirmen einen Werbemittel-Katalog zusammengestellt, der für alle Fälle zahlreiche Möglichkeiten offeriert: Streuartikel für Aktionen oder kleine Präsente zu besonderen Gelegenheiten.

Entsprechend der Coca-Cola-Philosophie sind diese Artikel nicht zum Verkauf bestimmt. Im Katalog weist ein bei jedem Artikel quergestellter Balken eigens darauf hin: »Kein Verkaufsartikel«. Diese Dinge sind also nicht im Novelty-Shop (novelty/Neuheit) käuflich. Wer solche Sachen sucht, muß sich schon mit dem Werbeleiter seines Gebietsbottlers anfreunden.

Während die in Millionen-Stückzahl aufgelegten »Streuartikel« für alle möglichen Aktionen vorgesehen sind, wird bei den »besseren« Artikeln im Katalog jeweils auf die Einsatzmöglichkeit hingewiesen. Beim Badetuch heißt es beispielsweise: »Als Verlosungsartikel oder zur Versteigerung bei karitativen Veranstaltungen.« Beim »Bleistift-Anspitzer in Dosenform« liest man: »Verteilung in Reisebüros, bei Behörden und Ämtern, in Schulen, Betrieben, Sekretariaten, Kindergärten.«

Die Liste solcher Geschenkartikel läßt sich fortführen: Sitzdose aus Stahlblech mit abnehmbaren Sitzkissen, ein 30 Zentimeter langer Kennworth-Truck aus den USA mit Coca-Cola-Werbung, ein UKW-Radio in Flaschenform, T-Shirts in vielfältiger Ausführung, der bekannte Regie-Klappstuhl, Sonnen- und Regenschirme, spezielle Dosen oder Kühltaschen und vieles mehr.

Klassische Streuartikel sind beispielsweise: Bleistifte, Buttons, Einweg-Feuerzeuge, Flaschenöffner, Frisbeescheiben, Frischhaltebeutel, Krawattennadeln, Kugelschreiber, Notizblocks, Papierfähnchen, Papierhüte, Pins verschiedener Art, Skatspiele, Sonnenblenden aus Pappe für die Augen, Streichholzbriefchen, einfache Tragetaschen und noch vieles mehr. Diese Dinge gibt es also reichlich bei allen möglichen Coca-Cola-Aktionen. Ob nun der Sammler sämtliche dieser Kleinigkeiten in seine Kollektion aufnehmen will, oder ob er sich nur einige Dinge aussucht, bleibt seine persönliche Entscheidung. Denn ein großer Wertzuwachs ist bei der Millionen-Auflage dieser Streuartikel kaum zu erwarten. Allerdings ist ihr Design recht kurzlebig, denn bei Neuauflagen werden sie meist auch neu gestylt.

Ein weites Feld für den Sammler bieten auch die sogenannten Lizenzartikel aus nahezu allen Konsumbereichen. Ein Beispiel: Der Haushaltswaren-Hersteller »emsa« kaufte von der Company eine Lizenz für diesen Bereich und fertigt nun knallrote Haushaltsartikel im Coca-Cola-Design: Isolierkannen und -flaschen, Tabletts, Tassen oder Brotdosen und andere Dinge. Die Firmenwerbung dazu lautet: »Coca-Cola brand housewares, presented by emsa«.
Es gibt aber nicht nur rotes Geschirr, es gibt auch rote Bettwäsche oder Radios und noch vieles mehr. Solche Lizenzartikel findet man im Facheinzelhandel, im Kaufhaus oder im Versandhauskatalog – aber auch im Novelty-Shop beim Bottler.
Spezieller Lieferant für die Novelty-Shops, eigentlich sogar der »Hoflieferant« schlechthin, ist die Firma Helge Høgberg mit ihrer Niederlassung in Hamburg. Høgberg ist der »Authorized Speciality Merchandise Supplier for The Coca-Cola Company« für ganz Nord-Europa. Das

Badetuch

Tragetasche

Frischhaltebeutel

**Skatspiel
(Vorder- und Rückseite)**

Becher mit verschließbarem Trinkhalm.

Angebot dieser Firma ist wirklich umfassend: Sportbekleidung für Sommer und Winter, allein neun verschiedene Baseballcaps mit Coca-Cola-Design, Hemden, T-Shirts, Krawatten und -nadeln, Armbanduhren, Replikate früher Werbemittel und und und ... Eben alles, was man im Novelty-Shop finden kann. Dazu auch die Streuartikel in möglicherweise »besserem« Design und nun für den Verkauf gedacht. Høgberg liefert nicht direkt an den »Endverbraucher«, sondern nur über die Novelty-Shops oder den örtlichen Handel.

Es gibt noch einen weiteren Markt für Coca-Cola-Artikel: Die Anzeigenseiten von Trödel- oder Sammlerzeitschriften. Dort findet man des öfteren Anzeigen mit Coca-Cola-Fanartikeln. Meist handelt es sich dabei um Importe aus den USA, ob lizenziert oder nicht. Da werden beispielsweise Pins in reicher Auswahl angeboten – gleich mit passendem Display –, Schlüsselringe oder Geldscheinclips und auch »buckles«, die originellen US-Gürtelschließen nach Cowboyart. Hier gibt es also Dinge, die der deutsche Markt sonst kaum zu bieten hat.

Wer sucht, findet genug Möglichkeiten, seine Sammlung in die eine oder andere Richtung zu erweitern. Doch sollte man daran denken, daß man nicht alles und um jeden Preis besitzen muß. Sonst ist bald das Zimmer voll und das Konto leer.

Autos und Automaten:
Das große Coca-Cola-Geschäft an den
Tankstellen

Mit Robert Winship Woodruff begann die enge Verbindung von Coca-Cola und Automobil. Bevor Woodruff 1923 im Alter von 33 Jahren Präsident der Coca-Cola Company wurde, war er Manager in der Automobilindustrie. Und Woodruff erkannte, welche Bedeutung das Automobil für das weite Land USA in kürzester Zeit erreichen würde.

Das straßentaugliche Automobil war zwar in Europa von dem Deutschen Karl Benz entwickelt worden, doch in den USA wurde es zuerst zum Massenverkehrsmittel. Noch in den fünfziger Jahren strampelten die Europäer mit dem Fahrrad zur Arbeit und staunten über die riesigen Parkplätze vor den amerikanischen Automobilfabriken. Sie hielten diese mehrere Fußballfelder großen Areale für Standflächen neuer, unverkaufter Autos – es waren jedoch die Parkplätze der Mitarbeiter.

Woodruff wußte, was da kommen würde, und er handelte: Jedes Auto brauchte Benzin, folglich mußte sein Fahrer in ziemlich regelmäßigen Abständen eine Tankstelle ansteuern. Und dort mußte Coca-Cola eiskalt zur Erfrischung des müden Automobilisten bereitstehen. Für den kleinen Drink hatte er damals reichlich Zeit, denn noch bediente ihn der freundliche Tankwart. Wichtig für Woodruff war die Bereitstellung einer Kühlgelegenheit an jeder Tankstelle sowie die geordnete Rückführung des Leerguts – von jeher ein Geschäftsprinzip der Coca-Cola Company überall auf der Welt. Bald stand in nahezu jeder amerikanischen Tankstelle eine Coca-Cola-Kühlbox für Stangeneis und darunter der

Leergutständer. Sie haben sich dann schnell zusammen-
gefunden, die beiden Komponenten des »american way
of life«, die Autos und Coca-Cola.

Zwei, die zusammengehören: Coca-Cola und die Kühlbox

Für die Company war dies der Einstieg in das spätere
weltweite Geschäft mit den Kühlautomaten.
Da nach Order der Company Coca-Cola immer eiskalt
getrunken werden sollte – und so schmeckt es auch am
besten –, ist die Geschichte von Coca-Cola zugleich
auch die Geschichte der Kühltechnik. Am Anfang stand
die Kühlbox aus Metall mit angeliefertem Stangeneis,
das der Coca-Cola-Verkäufer mit dem Eispickel – meist
ein Stahldorn mit Holzgriff und heute ein begehrtes
Sammelobjekt – zerkleinern mußte, bevor es die Fla-

**Eine Anzeigen-
werbung aus dem
Jahr 1947
demonstriert die
Einheit von Auto,
Tankstelle und Coca-
Cola eiskalt.**

schen in der Box kühlen konnte. Das aus dem Eis geschmolzene Wasser mußte vor jeder neuen Füllung abgelassen werden.

Auch in Deutschland begann Coca-Cola mit dieser Art der Kühlung im Einstiegsjahr 1929. Preisgünstig lieferte die junge Essener GmbH ihre Kühlboxen an die neuen Geschäftspartner; die Palette der Geräte war groß und allen Gegebenheiten angepaßt. Es gab damals acht (!) verschiedene Modelle, von »Normal« bis hin zum großen »Eisbär«, dem Spitzenmodell.

In den vierziger Jahren kamen in den USA die Flaschenautomaten mit Münzeinwurf zum Einsatz sowie auch die Zapfanlagen – im Fall von Coca-Cola eigentlich ein ganz alter Hut, denn damit hatte man in den Sodafountain-Saloons schließlich begonnen. Die kleine Coca-Cola-Zapfanlage, kreiert vom Design-König Raymond Loewy und mit Hilfe von Zwingen an jeden Tisch oder Tresen aufzuschrauben, gilt heute unter Sammlern als Hit.

Eine Fundgrube für Bastler: Defekte Coca-Cola-Automaten warten bei den Abfüllern und Vertriebsfirmen auf Liebhaber.

Auf die Eisboxen folgten in Deutschland die Absorber-kühler vom Typ »Silo«. Die Essener GmbH bot diese neuen Geräte in ihren Verkaufshelferkatalogen an. Gleichzeitig mit der Einführung in den USA kamen in Deutschland in den fünfziger Jahren die »Vendo«-Automaten auf den Markt. Die deutsche Aufschrift wurde hier im Siebdruckverfahren aufgebracht. Interessant ist, daß auch der Konkurrent Pepsi-Cola die gleichen Automaten aufstellte, allerdings blau lackiert, im Gegensatz zu den in der Hausfarbe Rot gehaltenen Geräten von Coca-Cola. Die Zahl hinter dem Markennamen »Vendo«, zum Beispiel 50, 80 oder 216, gibt den Füllinhalt an, also 50 oder 216 Flaschen. Diese elektromechanischen Automaten gelten als äußerst robust, einige versehen noch heute ihren Dienst, beispielsweise im Eingangsbereich von Coca-Cola-Betrieben. Die Vendo-Cooler waren die ersten Verkaufsautomaten für Coca-Cola in Deutschland.

Die nachfolgenden Automatengenerationen wechselten dann meist sehr schnell nicht nur ihr Design, auch die Technik überholte sich schnell. Und so findet man heute in fast jedem Coca-Cola-Betrieb eine Ecke mit ausrangierten Automaten mit größeren oder kleineren Defekten – eine Fundgrube für den Bastler und Coca-Cola-Sammler.

Es gab oder gibt jedoch nicht nur Automaten für Coca-Cola-Flaschen oder -Dosen, sondern auch solche für mehrere Produkte der Coca-Cola Organisation. Die Gerätepalette wuchs und wuchs: Automaten für Glasfüllungen oder Deckelbecher-Automaten, Umluft-Kühlschränke mit Türen für Flaschen aller Größen und Dosen aller Produktlinien. Während beispielsweise auch 1997 die Serie des Herstellers Liebherr noch im klassischen Coca-Cola-Rot erstrahlt, verleiht die Firma Sielaff ihren Coca-Cola-Automaten ein auffallend naturalisti-

sches »Eiskalt«-Design mit viel Eis rund um das Fla-
schenmotiv ... Doch bei allem Fortschritt bleibt auch ein
Rest Nostalgie: Die gute alte Kühltruhe mit dem seitli-
chen Flaschenöffner und dem berühmten Kronenkor-
kenfänger gibt es noch immer fabrikneu ...

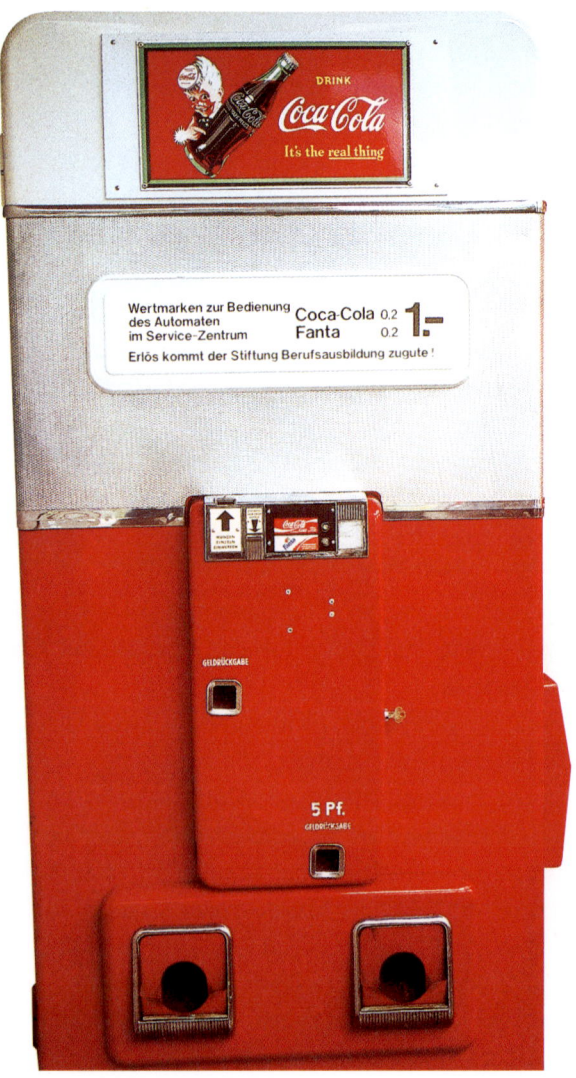

**Der VENDO-
Verkaufsautomat aus
den fünfziger Jahren.
Noch heute in Be-
trieb in der
Empfangshalle des
Coca-Cola-Betriebs
Peter Herdt & Söhne
in Offenbach.**

Die neue
Generation: Coca-
Cola-Kühlautomat
aus dem Programm
1997 der Firma
Sielaff.

Die gigantische Außenwerbung

Von der Bedeutung des Erfrischungsgetränks aus Atlanta künden riesige illuminierte Werbeflächen in wohl allen Weltstädten. Typisch für den Anspruch von Coca-Cola ist, daß diese Lichtwerbung an beinahe jedem zentralen Platz der Metropolen wie New York, London, Tokio oder Berlin aufleuchtet, aber auch in Frankfurt am Main, Hamburg oder München. Diese Art der Coca-Cola-Reklame hat sich in den sechziger und siebziger Jahren zu einer gewohnten Erscheinung der städtischen Lebenswelt entwickelt.

Es gibt wohl keine Außenwerbung für Coca-Cola, die weltweit so bekannt ist wie die Lichtwerbung am Times Square im Herzen von New York. Seit dem Jahr 1932 leuchtet hier die Coca-Cola-Werbung in wechselnder Gestaltung, jeweils dem veränderten Design oder der Einführung neuer Produktlinien entsprechend, wie etwa Diät-Coke.

Kaum weniger bekannt und beeindruckend ist die ähnlich gigantische Coca-Cola-Fläche im Rund des Londoner Piccadilly-Circus – und jedem London-Besucher vertraut. Natürlich sind von beiden Werbemonumenten auch Ansichtskarten erhältlich.

Eine ebenfalls gigantische, wenn auch rasch wieder »verflogene«, Coca-Cola-Werbung gab es im Jahr 1964 auf dem historischen Markusplatz in Venedig: Damals bildeten die für diesen Ort typischen Tauben den Schriftzug »Coca-Cola« quer über den Platz – man hatte entsprechend Taubenfutter ausgelegt. Wie erwartet kamen die Tauben, formierten sich zu dem berühmten Schriftzug und die Kameras der Werbefotografen klick-

Weltbekannt: Die Coca-Cola-Werbung am New Yorker Times Square leuchtet seit 1932.

ten. (Sicher hat man hinterher das Foto etwas retuschiert und hier und dort noch ein paar Täubchen hinzugemalt.) Dieser lebendige Coca-Cola-Schriftzug warb dann auf einer Postkarte weltweit für das Produkt und auch das Ambiente mit den historische Bauwerken, also für die Stadt mit ihren Kanälen und Gondeln.

Ursprünglich war das Taubenprojekt weniger spektakulär geplant: Es sollte eigentlich »nur« ein Foto für eine Coca-Cola-Anzeige in der venezianischen Zeitung »Il Gazzettino« werden. Dann aber fand dieses Arrangement weltweite Beachtung – zur Freude von Atlanta und Venedig.

Ratschläge
für den Sammler

Das Sammelgebiet und der Aufbau einer Sammlung

Was da heute so alles gesammelt wird, in Regalen, Vitrinen oder Setzkästen – da kann sich der Sammler von Coca-Cola-Werbung schon fast in einem elitären Gefühl sonnen. Allerdings sollte er auch wissen, daß er andererseits – wenn auch in Teilbereichen – nicht allzu weit entfernt ist von der Gilde der Sammler von Überraschungseiern: Denn viele Artikel werden auch im Coca-Cola-Bereich ganz speziell für den Sammler als Kunden hergestellt. Sie sind dann eigentlich keine Werbeträger im klassischen Sinn mehr, sondern für den direkten finanziellen Erfolg des Herstellers am Erstkäufer konzipiert.

Spätestens hier muß die Frage nach der Systematik des Sammelns gestellt werden. Sammlungen können zwar recht unterschiedlich strukturiert, sollten aber doch nicht rein nach Zufällen zusammengestellt sein und einen »roten Faden« erkennen lassen.

Dazu einige Gedanken:

In ihrem Kern sollte eine Sammlung immer die Zeit ihres ernsthaften Aufbaus widerspiegeln. Wenngleich die Stücke aus dieser Zeit intensiv gesammelt werden sollten, so muß man doch auch hier schon eine Auswahl treffen. Man muß sich spezialisieren, auf welche Teile auch immer: Flaschen oder Schilder, Tabletts oder Gläser – egal, sonst erstickt der ausufernde Umfang einer Sammlung bald jede Entwicklung und die Familie streikt wegen Platzmangels in der Wohnung. Das war es dann auch meist schon – aus! Aber so weit muß es nicht kommen, wenn man seine Grenzen erkennt und diese absteckt. Eine Sammlung soll wachsen, das muß man bei diesen Überlegungen einkalkulieren. Einmal kann sie zeitlich nach vorne wachsen, also das Morgen und das Übermorgen einbeziehen, oder auch mit dem Blick nach rückwärts, bis zum Start von Coca-Cola in Deutschland 1929 oder bis zum Wiederbeginn im Jahr 1949. Oder gar noch weiter zurück, mit Stücken aus den USA.

Systematisch sammeln heißt auch, daß man sich mit der Zeit, dem Umfeld und den Stücken näher befaßt. Sonst ist es wohl nur ein bloßes Horten, ein liebloses Stück an Stück Reihen ohne näheren Hintergrund.

Die Nostalgie-Wanduhr aus dem Novelty-Shop.

Ein »Leistungszwang« sollte beim Sammeln allerdings auch nicht entstehen. Der Spaß an den Dingen und die Beschäftigung mit ihnen muß erhalten bleiben. Dazu gehört auch die Freiheit, nicht unbedingt jedes Teil auf seinem Spezialgebiet besitzen zu wollen oder gar besitzen zu »müssen«. Hier kommen auch wieder die gezielt auf den Sammler ausgerichteten Gegenstände ins Spiel, die eigentlich gar keine Coca-Cola-Werbung darstellen, da sie gleich in den Sammlungen verschwinden (sollen). Die Coca-Cola Company, und die Essener GmbH bundesweit, sind jedoch eher bemüht, solch problematische »Editionen« – und angeblich gar noch limitiert – mit einer restriktiven Vergabe von Lizenzrechten einzudämmen.

Den Anstoß zum Sammeln von Coca-Cola-Werbeartikeln in Deutschland gab die Essener Zentrale eigentlich selbst – ob gewollt oder nicht, bleibt unerforscht –, als sie im Jahr 1973 mit ihrem Bazar der »Nostalgie-Artikel« das Interesse an der Historie schürte. Die Investition für solche Dinge kann später durchaus zum Ärgernis werden, wenn man diese Stücke verkaufen will. Da sie nicht »verbraucht« werden, wie beispielsweise Gläser oder auch Flaschen, bleiben diese Artikel fast lückenlos in den Regalen der Sammler zurück und der Preis steigt, wenn überhaupt, nur unbedeutend. Es kann sogar vorkommen, daß der Wert gegenüber dem Erstkauf drastisch nach unten geht. Will man derartige Stücke auf Börsen oder Auktionen dann »versilbern«, ist die Enttäuschung über den Preisverfall groß. Die Beschäftigung mit der Coca-Cola-Werbung ist in Europa nach wie vor ein Hobby.

In den USA ist das alles anders. Die Aufgeschlossenheit der Amerikaner gegenüber jeder Art von Werbung wird von der Coca-Cola Company mit aller Selbstverständlichkeit genutzt. Hier stößt die Company auf ein gewachsenes Umfeld von Sammlern als »willige« Multiplikatoren für die Coca-Cola-Werbung – ganz anders als dies noch in Deutschland der Fall ist. Hier kapselt sich der Sammler weit mehr ab, allein schon aus Sorge, in seiner Aktivität nicht verstanden und von vielen sogar belächelt zu werden. In den USA fördern Sammlerkataloge zudem die Übersicht und die Systematik. Da gibt es hier noch viel zu tun.

Nach Beobachtungen am Sammlermarkt ist der deutsche Coca-Cola-Sammler gegenüber den Gegebenheiten in den USA deutlich jünger und somit weniger »gefestigt« in seinen Gewohnheiten. Zeitströmungen bringen ihn leichter aus dem Konzept. Ältere, vielleicht auch intellektuellere Sammler hingegen finden gerade in der Coca-Cola-Werbung ihre Auseinandersetzung mit

Coke – bis in den Himmel?

den Zeitströmungen. Es gelingt ihnen dann auch, zeitliche »Fixpunkte« in der Coca-Cola-Werbung zu setzen; so beispielsweise die Einführung des weißen Siebdrucks auf der Flasche im Jahr 1957 oder die Einführung der Wellenlinie und des eckigen Werbeschilds 1970. Das sind zeittypische Fixpunkte für eine Sammlung.

Von den millionenfach hergestellten billigen »Streuartikeln« – den wahren Werbeartikeln der Coca-Cola GmbH »direkt am Kunden«, ist in einem eigenen Kapitel die Rede (siehe S. 170 ff.). Hierzu gehören beispielsweise Flaschenöffner in ihrer alltäglichen Form, Kugelschreiber oder Streichholzbriefchen und vieles andere mehr. Sammeln ist ein ganz individuelles Hobby ohne festgeschriebene Umfänge oder Grenzen. Hier soll auch keinem Coca-Cola-Fan irgendein Teilgebiet vermiest werden. Es soll dem Anfänger aber auch klar gesagt werden, daß diese millionenfach und immer wieder aufgelegten kleinen Werbeträger kaum mit einer späteren Wertsteigerung aufwarten können. Ganz im Gegenteil: Da sie häufig zu finden sind, kann ihre Menge irgendwann einmal zum echten Problem werden. Diese Mitteilung repräsentiert die Erfahrung eines langjährigen Sammlers. Entscheiden muß jeder Sammler selbst. Es gibt durchaus Coca-Cola-Freunde, vor allem jüngere, die mit dem Besitz solcher Dinge ihre Leidenschaft schon stillen können. Also bitte, dann sollen sie es mit Freude tun!

Wer leere Umkartons von Flaschen oder Dosen aus den Getränkemärkten als vermeintliches Coca-Cola-Souvenir nach Hause schleppt, hortet eigentlich nur Altpapier, das er irgendwann dann wieder zum Altpapiercontainer bringen muß. Eine Ausnahme bilden hier die klassischen Sixpacks aus bedruckter Pappe. Ihre »Weiterentwicklung« zum trägerlosen Behälter aus

dünner Pappe für sechs Flaschen oder Dosen ist dann sicher wieder zur wertlosen Kategorie zu zählen. Damit niemand diese Sätze mißversteht: Im Sinn von Verpackungsvermeidung ist der Wandel des Sixpacks durchaus zu begrüßen.

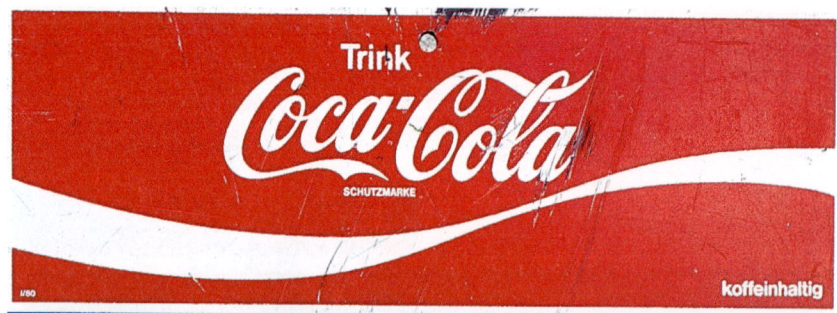

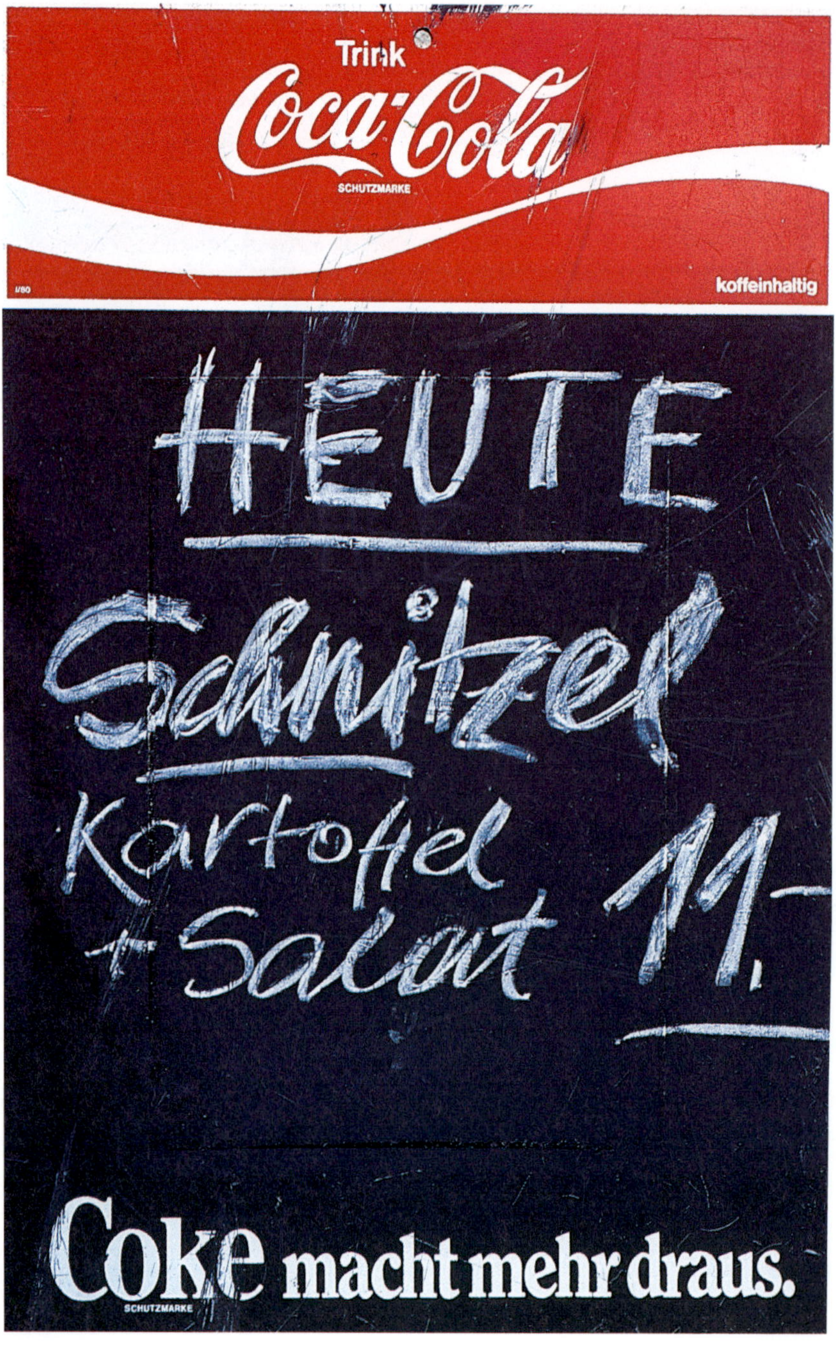
Trink
Coca-Cola
SCHUTZMARKE
koffeinhaltig
HEUTE
Schnitzel
Kartoffel
+ Salat
11.–
Coke macht mehr draus.
SCHUTZMARKE

Wandkalender, vor allem solche mit bebilderten und abreißbaren Monatsblättern, gehören nicht zu dem eben besprochenen Werbemittelsektor: Sie sind grafische Zeitzeugen, echte Sammelstücke, und stehen für den Stil ihrer Zeit.

Das darf sicher auch von den Aschenbechern und vielleicht noch von den Flaschenuntersetzern aus Glas oder Pappe (gemeinhin als »Bierfilze« bekannt) behauptet werden. Diese sind Beweisstücke für den Wandel der Stilelemente in der Werbung: vom Coca-Cola-Schriftzug mit oder ohne Wellenlinie, dem Coke-Aufdruck, bis zur Rückkehr des roten, runden Schildes mit der Flasche und dem always-Zusatz seit 1993.

Und wie hält man es mit den mattschwarzen Kreidetafeln, wie sie häufig vor den Restaurants aufgestellt werden? Hier zwei Vorschläge zur stilechten Weiterverwendung: Schreiben Sie darauf, was das Glas Cola-Cognac oder Cuba libre bei Ihnen zu Hause kostet, wenn »liebe« Freunde wieder einmal ungeladen zum Umtrunk erscheinen. Oder vielleicht kündigt die liebevolle Ehefrau dem vom Berufsalltag gestreßten Ehemann auf einem echten Coca-Cola-Schild das Abendessen an ...

Wo finde ich Coca-Cola-Sammlerstücke?

Wer sich auf die Suche nach Coca-Cola-Sammler-stücken begibt, muß weite Wege gehen. Gemeint ist da-mit nicht die gelegentliche Reise ins Mutterland der süßen Limonade, in die USA, gemeint ist hier der stete Gang über alle erreichbaren Flohmärkte am Samstag und am Sonntag – einfach eine Pflicht! Hier tauchen des öfteren wirklich interessante Stücke auf. So zum Bei-spiel frühe Flaschen oder uralte Transportkisten, Gläser und Tabletts, aber auch Schilder aller Art. Es lohnt sich!

Hochfeine Antiquitätenläden in den Toplagen der Groß-städte bieten dem Coca-Cola-Sammler meist nichts – außer einem milden Lächeln. Im Umkreis von Barock-schränken empfindet man den Werbemittelsammler als skurril.

Aber die »Klinkenputzer-Tour« ist recht erfolgverspre-chend: Wenn man die Gaststätten und Imbißbuden der umliegenden Region abklappert, hat man am Ende be-stimmt einen guten Fundus. »Haben Sie nicht ein paar alte Sachen mit Coca-Cola-Werbung drauf? Es dürfen auch alte Kisten sein.« Man hat. Die Frage ist nur, ob der Wirt dafür auch einmal im Keller oder im Schuppen nachsehen will. Also sollte man gleich sagen, daß man auch bereit ist, dafür »ein paar Mark zu bezahlen«.

Wichtig ist, daß man zum rechten Zeitpunkt kommt – am besten gleich nach der Öffnung, und recht freundlich fragt – oder eben einen passenden Termin vereinbart. Telefonische Nachfrage ist meist zwecklos. Dann lautet die Antwort sicher kurz und bündig: »Haben wir nicht!« Wenn man erfährt, daß eine Gaststätte renoviert oder gar aufgegeben wird, muß man auf jeden Fall rechtzeitig dort erscheinen, freundlich lächelnd natürlich. Der Besitzer ist vielleicht sogar ganz froh darüber, daß jemand den »alten Schrott« abholt und er selbst weniger Ärger mit dem Abtransport und der Entsorgung hat.

Die Suche bei Privat ist weitgehend unergiebig. Auch Suchanzeigen in den örtlichen Zeitungen bringen meist nur Kontakte mit Sammlerkollegen – aber gerade die können sich als gute Quellen erweisen. Solche Kontakte soll man auch pflegen, etwa auf Flohmärkten oder vor allem bei Sammlertreffen.

Solche Treffen sind Börsen für Werbemittel-Sammler, Comic- und Figurenbörsen, weniger die Antik- oder Spielzeugmärkte. Spezialbörsen für Coca-Cola-Sammler (siehe S. 204) gibt es in Deutschland oder im nahen Ausland heute noch sehr selten. Ihr Besuch ist dann allerdings ein Muß.

Auf Auktionen für Werbemittel – meist sind dort nur Emailschilder im Angebot – findet man gelegentlich Objekte. Auch hier ist das Gespräch mit den Auktionsbesuchern wichtig.

Schließlich gibt es noch die Quellen für fabrikneue Objekte, in erster Linie die Fanshops (Novelty-Shops) bei den Abfüllbetrieben, die Kataloge der Modellauto- oder Modellbahnindustrie, Versandhauskataloge für Nostalgieartikel und gelegentlich Sonderangebote der Kaufhäuser.

Möglichkeiten zum Erwerb von Coca-Cola-Sammlerstücken gibt es eigentlich genug. Man muß sich also eher in der Auswahl bescheiden. Es ist wenig sinnvoll, jedes Teil »mit Coca-Cola drauf oder drin« um jeden Preis nach Hause zu tragen.

Das Adressbuch
für Coca-Cola-Sammler

Auktionen • Clubs und Börsen • Museen • Novelty-Shops

Auktionen

Die Marktpreise auf dem Coca-Cola-Sektor basieren nicht grundsätzlich auf den Auktionsergebnissen. Doch die Auktionslisten fungieren fast immer als Meßlatte für den Markt. Wenn es auch derzeit nur wenige Auktionshäuser gibt, in deren Katalogen man Coca-Cola-Collectibles finden kann, so wird sich die Adressenliste in absehbarer Zeit doch deutlich erweitern. Folglich ist es hier angebracht, den Ablauf einer Auktion ausführlich darzustellen. Denn für den Neuling scheinen viele Fallstricke gespannt.

Wie läuft eine Auktion ab?

Einige Wochen vor dem Auktionstermin erscheint der Katalog, in dem jedes Stück, das zum Aufruf kommt, beschrieben und oft auch abgebildet ist. Doch ehe man sich den meist nicht billigen Katalog bestellt, sollte man sich erst einmal beim Auktionator erkundigen, ob bei dieser (!) Auktion auch wirklich Coca-Cola-Collectibles angeboten werden. Diese präzise Fragestellung ist sehr wichtig. Denn wenn Sie lediglich fragen, ob »auch« Coca-Cola-Sammlerstücke zur Versteigerung kommen, wird man natürlich mit einem klaren »Ja« antworten. Schließlich will man sich alle Möglichkeiten für die Zukunft offenhalten – das ist doch verständlich.

Am Abend vor der Auktion ist dann meist der Besichtigungstermin im Auktionslokal angesetzt. Hier kann sich der Interessent vor Ort ein wahres Bild vom Zustand seines Traumstücks machen. Das ist ganz wichtig und diesen Termin sollten Sie nach Möglichkeit auch wahrnehmen. Denn oft besteht zwischen der Beschreibung des Auktionators und der eigenen Zustandseinschätzung doch ein sehr großer Unterschied.

Altes Glasschild aus junger Reproduktion.

Der Auktionator kassiert vom Ersteigerer (Käufer) und meist auch vom Einlieferer (Verkäufer) das sogenannte »Aufgeld« (beim Käufer) beziehungsweise das »Abgeld« (beim Verkäufer). Informieren Sie sich vor Abgabe Ihres Gebots über die Höhe dieses Aufgeldes. Es kann nämlich zwischen 15 und weit über 20 Prozent schwanken. Hier lohnt sich also die Nachfrage – vorher! Dabei ist auch die Frage wichtig, ob die gesetzliche Mehrwertsteuer im Aufgeld enthalten ist oder ob sie noch zusätzlich aufgeschlagen wird. Ist letzteres der Fall, sollte man als Kaufinteressent unbedingt vorher feststellen, ob die Mehrwertsteuer nur vom Aufgeld gerechnet wird oder gar vom Warenpreis samt Aufgeld. Beides ist möglich. Und für den privaten Käufer ist das finanziell ein gewaltiger Unterschied. Außerdem sind manche Auktionshäuser ganz groß im Erfinden netter »Kleinigkeiten«: Da kann es zusätzliche Losgelder geben oder Versicherungen und horrende Versandspesen. Es lohnt sich also, das berühmt-berüchtigte Kleingedruckte aufmerksam zu lesen.

Der Ablauf einer Auktion ist sehr spannend und ein richtiges Erlebnis. Man sollte aber auch nicht in Euphorie verfallen. Im Gegenteil, man muß sich beherrschen können. Wer immer »alles gleich haben will«, wird im Bietergefecht tüchtig zur Kasse gebeten. Man muß auf seine Chance warten können – vielleicht kommt sie ja auch erst bei der nächsten Auktion. Bleiben Sie also cool!

Wenn Ihr Terminkalender den Besuch einer Auktion nicht erlaubt, so können Sie sich als sogenannter Fernbieter an der Versteigerung beteiligen. Sie müssen Ihr Gebot dann vorher schriftlich beim Auktionshaus abgeben. Per Telefax ist das heute problemlos möglich. Manchmal besteht auch die Möglichkeit, sich als Telefonbieter unmittelbar ins Geschehen im Auktionssaal einzuschalten. Ob Fax oder Telefon, man sollte vorher mit dem Auktionshaus Kontakt aufnehmen. Dieser scheinbar so einfache Weg kann nämlich unter Umständen auch einen gewaltigen Haken haben: Sie müssen sich – da Sie das Objekt Ihrer Begierde nicht vor der Versteigerung gesehen haben – ganz auf die Zustandsbeschreibung des Auktionators verlassen. Wenn nun »der Herr des Hammers« seine Ware im schönsten Licht beschrieben und dabei vielleicht auch gravierende Mängel übersehen hat, liegt der Schwarze Peter bei Ihnen. Reklamationen sind oft sehr schwierig oder gänzlich ausgeschlossen. Der Autor kann ein Lied davon singen – ein Trauerlied. »Lehrgeld« nennt man später solche Reinfälle.

Es ist wohl selbstverständlich, daß nicht alle Auktionatoren bei der Mängelbeschreibung eine einheitliche Meßlatte anlegen. Hat ein Sammler später genügend Er-

Musik-Cooler: Radio aus dem Novelty-Shop.

fahrung, kann er die individuellen Ansichten der einzelnen Auktionatoren beurteilen und entsprechend handeln. Kann ich ein Ferngebot wagen, oder muß ich mir das Stück vor Ort erst genau besehen? Vorsicht! Es gibt sogar Auktionatoren, die in ihren Geschäftsbedingungen jede Reklamation ausschließen, weil sie die Meinung vertreten, sie würden ja vor der Auktion genügend Zeit zur Vorbesichtigung bieten.

Die nachstehend genannten Auktionshäuser sind auf Werbemittel aller Art spezialisiert.

DEUTSCHLAND

Bayreuth
Kunstauktionshaus Waltraud Boltz
Brandenburger Straße 36
D-95448 Bayreuth
Telefon 0921/20616, Fax 12614

Friedrichsdorf/Taunus
Micky Waue
Oberbornstraße 3
D-61381 Friedrichsdorf
Telefon 06172/79480, Fax 75685

Köln
Auction Team Breker
Bonner Straße 528-530
D-50968 Köln
Telefon 0221/387049, Fax 374878

ÖSTERREICH

Wien
Auktionshaus Dorotheum
Dorotheergasse 17
A-1010 Wien
Telefon 01/5156000, Fax 5166474

FRANKREICH

Chartres
Galerie de Chartres,
Jean & Jean-Pierre Lilivre
1 bis, Place General de Gaulle
F-28000 Chartres
Telefon 37360433, Fax 37363471

Sparen mit Coca-Cola. Die Kunststoff-Konturenflasche, Höhe 60 cm.

GROSSBRITANNIEN

London
Christie's Kensington
85 Old Brompton Road
GB-London SW 73 LD
Telefon 0171/5817611, Fax 3213321

Sotheby's
34-35 New Bond Street
GB-London W 1A2 2AA
Telefon 0171/4938080, Fax 4093100

USA

New York
Sotheby's
1334 York Avenue
New York 10021
Telefon 212/606/7000, Fax 6067013

Diese Adressenzusammenstellung ist natürlich nicht vollständig und sie stellt auch keine Wertung dar. Viele andere Auktionshäuser integrieren die Sammelgebiete »Coca-Cola« oder »Werbung« in ihre Varia-Auktionen. Und bedenken Sie bitte: Adressen und vor allem Telefonnummern ändern sich manchmal.

Coca-Cola-Clubs und -Börsen

Die deutsche Sammlerszene liegt deutlich im Aufwind. Es gibt derzeit mindestens zwei bundesweit beachtete spezielle Coca-Cola-Börsen, beide schon mit einer kleinen Tradition. Am Entstehen weiterer Märkte wird in der Szene eifrig gestrickt. Die nachfolgende Aufstellung ist also mit Sicherheit nicht komplett. Doch wollten wir hier auch nicht gleich die Börsen festschreiben, die vielleicht in den letzten zwei Jahren nur einmal veranstaltet wurden und dann eventuell nie wieder annonciert werden. Für jede Korrektur sind wir aber offen.

DEUTSCHLAND

Coca-Cola Sammler-Club »Die Welle«
Herbert Lorenz
Luegstraße 10-12
D-45138 Essen
Telefon 0201/288926
Der Coca-Cola Sammler-Club Deutschland besteht seit Oktober 1991 und zählt weit über 100 Mitglieder, auch aus Belgien, Holland, Luxemburg, Österreich und der Schweiz. Die Clubzeitschrift »News« berichtet sechsmal im Jahr aus der Szene. Die Rubrik »Suche-Biete« eröffnet europaweite Chancen. Die nur Mitgliedern offene Sommerparty in Essen ist zugleich ein Tauschtreffen.

Coca-Cola GmbH
Abteilung Öffentlichkeitsarbeit
Max-Keith-Straße 66
D-45116 Essen
Telefon 0201/82101, Fax 8211510
Informationen rund um Coca-Cola

Coca-Cola-Sammlerbörse
seit 1994 jeweils jährlich am Pfingstsonntag in der
Dampfbrauerei Borbeck
Informationen:
Hubert Becker
Lückendorfer Straße 151
D-45327 Essen
Telefon und Fax 0201/309149

Reklamebörse »Ruhrgebiet«
seit 1995, nach Veranstalterangaben die größte Börse dieser
Art in Deutschland
Informationen:
Christian Born
Schleswiger Straße 12
D-44135 Dortmund
Telefon 0231/516694

Sammlerbörse Flonheim/Rheinhessen (bei Alzey)
seit 1987 jährlich am dritten Samstag im Juni
Informationen:
Ralph Dejon
Saarbrücker Straße 29
D-66474 Homburg/Saar
Telefon 06841/62393

Coca-Cola-Sammlerbörse Nürnberg
seit 1995 jeweils jährlich im Oktober im Saal des Bayer.
Roten Kreuzes an der Sulzbacher Straße
Informationen:
Gerd Meyer
Postfach 440244
D-90207 Nürnberg
Telefon 0911/448710, Fax 437411

Neben den »reinen« Coca-Cola-Börsen gibt es noch
zahlreiche Börsen für Werbemittel oder Emailschilder.

ÖSTERREICH

Österreichischer Coca-Cola-Club
Postfach 102
A-1165 Wien
Telefon 0664/3011696
Seit 1996 veranstaltet der Österreichische Coca-Cola-Club
jährlich im Juni in Wien eine Börse für Coca-Cola-Sammler.

USA

Coca-Cola Collectors Club (of America)
Informationen:
Präsident Dick McCesney
1015 W 28th Street
Minneanapolis MN 5508
Telefon 612/872481, Fax 874416

Öffentlichkeitsarbeit:
Elizabeth Wright
2265 Dalt Ridge DR
Oakville, ON L6M3L5
Telefon 905/8470569, Fax 8470839
Der US-Club der Coca-Cola-Sammler ist natürlich der Gigant der Szene weltweit. Die Clubzeitschrift öffnet den europäischen Sammlern nahezu das Coca-Cola-Eldorado. Der Club veranstaltet quer durch die USA regionale Sammlertreffen und Börsen.

Ehe man die Fahrt zu einer weit entfernten Veranstaltung antritt, sollte man kurzfristig beim Veranstalter anfragen, ob die angekündigte Börse auch tatsächlich stattfindet. Nicht selten wird eine Veranstaltung von den Behörden kurz vor dem Termin noch gestoppt, aus welchen Gründen auch immer. So spart man sich vielleicht viele nutzlose Kilometer.

Und hier noch eine Art Geheimtip: Wer ohne jede Erwartung über eigentlich »ganz falsche Märkte« schlendert, hat manchmal unglaubliches Glück. Er findet dort vielleicht einen Anbieter, möglicherweise einen Bierdeckelsammler, der sich aus seinen Cola-Untersetzern gar nichts macht. Außerdem trifft man auf solchen Märkten auch kaum auf andere kaufwillige Coca-Cola-Sammler. Ich selbst habe so schon von manchem »unmöglichen Markt« echte Spitzenstücke triumphierend nach Hause getragen. Man muß sich allerdings einmal ausrechnen, was die permanenten Besuche der Märkte, die keinen Erfolg bringen, eigentlich an Eintritt und Autokosten verschlungen haben. Vielleicht hätte man dafür sogar auf einer Auktion im Bietergefecht ein Spitzenstück erwerben können ... Auch das ist eine Erfahrung.

Museen

Noch sind Coca-Cola-Museen oder Abteilungen mit Coca-Cola-Collectibles in allgemeinen Museen höchst selten. Die Top-Adresse ist natürlich die weitestgehend komplette Sammlung im Coca-Cola-Museum »The World of Coca-Cola«, nahe dem Stadtzentrum in Atlanta. Auch die Ausstellung im New Yorker Coca-Cola-Haus an der Fifth Avenue ist sehenswert (siehe S. 209). Doch in Europa wird es schon schwieriger, feste Adressen anzugeben. Zwar haben bereits einige private sowie auch staatliche oder kommunale Museen damit begonnen, Coca-Cola-Sammlungen anzulegen, doch sind diese Kollektionen meist nicht permanent für Besucher zugänglich.

In Frankfurt am Main ist das Deutsche Werbemuseum mit seiner Coca-Cola-Abteilung nicht mehr ständig präsent; man ist bundesweit mit Wanderausstellungen unterwegs. Die deutsche Coca-Cola GmbH hat bis heute am Firmenstandort in Essen kein eigenes Museum aufgebaut. Man ist allerdings ebenfalls mit einer Wanderausstellung auf Reisen: »Ein Mythos verbindet die Welt« wird in Einkaufszentren vieler deutscher Städte meist einen Monat lang gezeigt. Träger dieser Schau sind die unter ECE-Management stehenden Einkaufszentren in Deutschland sowie die Coca-Cola-Organisation. Auskünfte erteilt die Coca-Cola GmbH in Essen, Abteilung Öffentlichkeitsarbeit (siehe S. 204).

Einige engagierte Konzessionäre haben privat eigene große Sammlungen aufgebaut. Öffentlich sind diese aber auch nicht, doch es lohnt sich sicher, dort einmal freundlich nachzufragen:»Darf ich mal Ihre Pretiosen bestaunen?« Manchmal darf man. Wenn ja, sollte man sich auch höflich dafür bedanken und nicht gleich jeden Sammlerfreund samt Familie hinschicken.

Konzessionär Franz Herbert Heydt hat mit viel Liebe und Mühe eine der größten Coca-Cola-Sammlungen in ganz Europa zusammengetragen. Sie befindet sich in den Geschäftsräumen der Firma.

H. Heydt Markengetränke GmbH & Co
Oldenburger Landstraße 2
D-49090 Osnabrück
Telefon 0541/96460, Fax 964661
Besichtigung ist nach rechtzeitiger Voranmeldung möglich.

Die Adressen zum Toperlebnis für jeden Coca-Cola-Sammler beim USA-Trip:

Atlanta/USA
The Coca-Cola Company
Coca-Cola-Plaza 1
P. o Drawer 1734
Atlanta GA 30301, USA

New York/USA
The Coca-Cola Store
711 Fifth Avenue
New York
NY 10022, USA

Wer in Atlanta, in dieser einmaligen Atmosphäre, vor all den Sammlerträumen steht, darf auch schon mal Tränen in den Augen haben. Euphorie ist erlaubt, wenn man nach langem Weg an der Quelle aller Coca-Cola-Träume steht. Und etwas sollte man dann schon heimtragen aus Atlanta – oder auch aus New York. Egal, ob es ein Novelty ist oder die Kopie eines Traumstücks aus der Gründerzeit. Vermutlich wird der echte Coca-Cola-Fan zu Hause dieses Stück dann öfter abstauben, als es eigentlich nötig ist.

Die Novelty-Shops der Coca-Cola-Konzessionäre

Die Konzessionäre der Essener Coca-Cola-GmbH sind im »Industriellen Verein der Deutschen Coca-Cola-Konzessionäre e.V.« mit Sitz in Düsseldorf organisiert. Gemäß der in diesem Fall restriktiven Firmenphilosophie zum Schutz der Marke haben sich die Konzessionäre den Verkauf der aktuellen Coca-Cola-Collectibles – der Werbeartikel von heute – selbst vorbehalten. So müssen beispielsweise Lizenznehmer aus der Modellautobranche ihre Coca-Cola-Minilastwagen vorrangig an die Konzessionäre liefern. Für den Verkauf an die Fans haben die Abfüller in ihren Fabriken spezielle »Novelty-Shops« (novelty/Neuheit) eingerichtet. Aber nicht alle Konzessionäre haben diesen Zusatzverkauf gleichermaßen ausgebaut. Oft sind die Novelty-Shops an unterschiedlichen Tagen nur stundenweise geöffnet. Da auch das Angebot regional unterschiedlich strukturiert sein kann, ist es ratsam, vor einem Besuch beim Abfüllbetrieb anzurufen und eventuell auch präzise Fragen nach dem besonderen Wunschartikel zu stellen.

Die Adresse des regionalen Abfüllers ist auf dem Kronenkorken aufgedruckt. Auch der Blick in den Branchenteil des Telefonbuchs ist hilfreich – und gegebenenfalls kann man sein Glück beim Konzessionär im Nachbargebiet versuchen.

Der erste Blick in einen Novelty-Shop blendet den Besucher: Eine Orgie in Rot. Coca-Cola- oder Ferrari-

Fans sind sich da einig: Richtig rot muß es sein, dann läuft's. Die Auswahl in einem solchen Shop kann umwerfend sein und das Konto eines überzeugten Sammlers schnell in die roten Zahlen treiben – wobei er dann allerdings wieder bei seiner Lieblingsfarbe wäre ...

Im Novelty-Shop gibt es wirklich (fast) alles und vieles kann nachbestellt werden, sollte es einmal nicht mehr vorhanden sein.

Blick ins Paradies: Der Offenbacher Novelty-Shop an der Mühlheimer Straße.

Das Sortiment im Novelty-Shop reicht von den kleinen Plastikautos im H0-Maßstab über das 1:43-Zinkdruck-

gußmodell, den 1:18 VW-Bulli bis hin zum riesigen, mit Fernsteuerung ausgerüsteten Coca-Cola-Truck, wie er auf den amerikanischen Highways unterwegs ist.

Der Nostalgie-Fan findet die Kopien alter Coca-Cola-Werbemittel bis zu den Anfängen: Wanduhren, Jugendstilgläser und -lampen, Barspiegel mit den Porträts wahrer Damen der damaligen Gesellschaft und dem Coca-Cola-Schiftzug. Emailschilder nach alten Vorbildern, Glasschilder mit dem Koboldmännchen, Außenthermometer, in ein Flaschenrelief aus Blech eingebettet, gibt es ebenso wie Serviertabletts, modern oder als Wiederauflage historischer Designs. Auch Leuchtreklamen für das Interieur einer Bar oder Blechhinweispfeile zur nächsten Verkaufsstelle von »Coca-Cola icecold« fehlen nicht. Der alte, kleine Cooler aus den frühen Vierzigern ist heute nicht mehr mit Konturenflaschen bestückt, enthält dafür jedoch ein Allwellenradio. Gläser aller Art, Becher oder Flaschen zu Sparbüchsen umfunktioniert – alles gibt es im Novelty-Shop, sogar eine Bekleidungsabteilung für die Fans: Baseballcaps, T-Shirts oder auch Sweatshirts mit Atlanta-Olympia- oder Always-Aufdruck, Regenjacken oder Schirme – alles in leuchtendem Rot.

Im Novelty-Shop ist für den Coca-Cola-Fan noch alles im Lot. Nicht vergessen sollte man allerdings bei aller Pracht, daß es sich hier um aktuelle Werbemittel handelt oder um Nachbauten wirklich alter Stücke. Nachbauten aber erlangen nach aller Sammlererfahrung nie den Wert des Originals.

Thermometer im Blechrelief, Höhe 47 cm.

Über den Schutz der Sammlung

Die Versicherung allein schützt nicht vor Diebstahl

Es fängt immer recht harmlos an. Erst ist es nur ein Stück, das da an der Wand hängt oder im Regal steht. Doch dann kommt bald ein zweites Teil hinzu, diesem folgt ein drittes – und die Sammlung wächst und wächst. Und wie verhält es sich dann mit dem Wert, dem Wiederbeschaffungswert im Fall eines Diebstahls? Aber, aber, wer denkt denn schon an Einbruch? Wer wird denn die im Grunde »unbedeutende« Coca-Cola-Sammlung abtransportieren?

Zum einen ist der Wert einer großen Sammlung bestimmt »nicht von Pappe« – wie einige Werbeschilder – und zum anderen ist das alles schon passiert, mehr als einmal übrigens!

Sie sorgen doch selbst dafür, daß viele Leute Sie als Coca-Cola-Sammler kennen. Denn so läuft es in der Praxis: Man schlendert über den Flohmarkt und durch die Trödelläden und fragt: »Haben Sie etwas für mich?« Dann gibt man seine Visitenkarte ab mit der Bemerkung: »Wenn Sie mal was haben, rufen Sie mich doch bitte an.« Sie werden als Sammler bekannt und möglicherweise erfahren davon auch Leute, denen man das besser verschwiegen hätte.

Die Vorsorge für den Ernstfall beginnt bei den Sammlungsstücken selbst: Für jedes Teil wird eine Karteikarte angelegt, mit einer treffenden Kurzbeschreibung – bei besonders wertvollen Stücken kommt ergänzend ein Farbfoto hinzu. Zu den notierten Daten gehören auch Herkunft, Kaufdatum und Preis. Wichtig sind ebenso individuelle Merkmale wie die genaue Beschreibung aller Mängel, beispielsweise von Absplitterungen bei einem

Werbung heute:
Ein plastisches
Kunststoffplakat.

Emailschild. Aufgrund solcher Details kann man im Ernstfall das Stück glaubhaft als sein Eigentum identifizieren.

Blechspielzeugsammler kennen einen Weg, nahezu unsichtbar eine individuelle Kennzeichung als Eigentumsnachweis am Sammlerstück anzubringen. Auch der Coca-Cola-Sammler kann sich dieser Methode bedienen, zumindest bei Schildern oder Tabletts: Auf der Rückseite wird klarer Spirituslack in der Größe eines Fünfmarkstücks aufgetragen und in diesen Klecks – kurz bevor er hart wird – der Daumen eingedrückt. Wenn die Stelle trocken ist, bleibt der persönliche Fingerabdruck zurück – ein klarer Eigentumsnachweis! Einem Nichteingeweihten fällt dieser Abdruck kaum auf – und wenn, hält er ihn für einen Lapsus bei der Fertigung.

Daß die Wohnung rundum abgesichert sein sollte, an Fenstern und Türen, ist heute eigentlich selbstverständlich. Hier holt man sich bei den diesbezüglichen Beratungszentren der Polizei guten Rat. Abschließbare Fenstergriffe sind leicht zu montieren und kosten kaum mehr als ein paar Flaschen Coca-Cola. Rolladensicherungen kann wohl jeder selbst einbauen, ebenso bündige Türschlösser oder entsprechende Beschläge, die von außen nicht zu demontieren sind. Und auch das gehört zur Sicherheit: Haben sie schon einmal an einen richtigen (!) Feuerlöscher gedacht?

Bevor Sie sich eine Alarmanlage zulegen, sollten Sie mit Ihrer Versicherung sprechen. Denn die Versicherer verlangen eine Anlage mit der Kennzeichnung »VdS geprüft«. Das Kürzel »VdS« steht für »Verband der Sachversicherer« und gilt als Gütesiegel – und nur dann gibt es einen Nachlaß auf die Versicherungsprämie.

Und damit sind wir bei der Versicherung angelangt. Die kleine Sammlung wird anfangs wohl im Rahmen der Hausratsversicherung mitversichert sein. Was aber, wenn die Sammlung wächst und Ihre Familie auch noch teure Ölbilder, Meißener Porzellan und Schmuck besitzt? Dann ist es bis zur gefährlichen »Unterversicherung« nicht weit. Hier ist Vorsicht geboten und ein verbindliches (!) Gespräch mit Ihrem Versicherungsvertreter angebracht. Ratsam ist dann der Vergleich seines Angebots mit dem eines Mitbewerbers. Die Unterschiede sind oft beträchtlich und das nicht nur bei der Prämienhöhe, auch hinsichtlich der Bedingungen. Das berüchtigte Kleingedruckte sollte man unbedingt genau lesen.

Auch das Finanzamt kann sich unter Umständen für Ihre Sammlertätigkeit interessieren. Im privaten Rahmen handelt sicher noch, wer seine Sammlung auflöst oder ab und zu seine Doubletten verkauft. Wer aber regelmäßig auf Börsen »Handel« treibt oder wenn aus seinem Tun für das Finanzamt »Gewinnstreben« ersichtlich wird, muß unter Umständen Einkommens- oder auch Mehrwertsteuer zahlen. Das ist eine Ermessensfrage der Behörde, wobei die Grenzen fließend sind. Es ist aber sicher besser, man befragt dazu rechtzeitig seinen Steuerberater.

Und dann bleibt nur noch zu hoffen, daß Sie Ihre Versicherungsprämien immer »umsonst« bezahlen. Wenn Sie jetzt aber auch noch behaupten wollen, daß das alles bei dem »bißchen Coca-Cola-Werbung« doch reichlich übertrieben sei, mag das tatsächlich auf den ersten Blick so aussehen – ist es aber nicht.

»Alte Werbung« beispielsweise wird zunehmend mehr geschätzt, weil das Verständnis dafür wächst – also steigt auch der Preis. Und meist ist es bei dem »bißchen Coca-Cola« auch nicht geblieben. »Der Appetit kam beim Essen« und zur Flasche oder Dose gesellte sich das alte Emailschild, zum Coca-Cola-Blechauto von Tippco gesellte sich vielleicht »rein zufällig« die alte Por-

Tragetasche

zellanpuppe oder der Steiff-Teddy von 1935. Und ein alter Meißenteller kam auch noch hinzu, denn der stand beim Trödler zufällig gerade neben dem begehrten Coca-Cola-Tablett. Ist es nicht so?

Preise und Prognosen

Man kann fünf Mark ausgeben oder auch mehrere tausend Mark. Man kann einen Pin kaufen, eine Anstecknadel oder einen Coca-Cola-Automaten aus den Golden Fifties: Aufgrund der großen Auswahl von Sammelgebieten innerhalb des Komplexes Coca-Cola ist der Sammler nicht verpflichtet, auf Vollständigkeit zu sammeln. In Europa sind die Preise für Coca-Cola-Collectibles noch nicht »gelistet«, also nicht als Richtwerte in einem Sammlerkatalog vorgegeben. Sie schwanken noch mit großen Bandbreiten. In den USA ist das ganz anders. Dort gibt es Sammlerkataloge für Coca-Cola-Sammler, die Clubzeitschriften berichten von den Börsen und nennen Auktionsergebnisse. Folglich treffen am Markt informierte Anbieter und ebenso informierte Kaufinteressenten aufeinander. Der Preis ist dort also deutlich höher, die Preisschwankungen deutlich geringer als dies in Deutschland noch der Fall ist.

Bei uns kommt noch hinzu, daß sich hier meist wesentlich jüngere Sammler als in der USA kurzzeitig mit Coca-Cola beschäftigen. Irgendwann wenden sie sich anderen Interessen zu und dann verschleudern sie ihre Coca-Cola-Collection auf dem Flohmarkt. Das Angebot dieser »Aussteiger« beschränkt sich allerdings meist auf Dosen, Flaschen, Gläser, Pins oder Schilder aus der jüngsten Zeit. Frühe amerikanische Collectibles oder alte Kühlautomaten kann man hier nicht erwarten. Solche Stücke haben auch in Deutschland schon ihren (hohen) Preis.

Grundsätzlich ist für Deutschland festzuhalten:

Die Preise sind noch nicht gefestigt, Schnäppchen durchaus möglich. In den Sammlerkatalogen aus den USA gelistete oder nachweislich (!) aus der Vorkriegszeit stammende Stücke sind rar am Markt und nicht billig, im Vergleich zum amerikanischen Markt aber immer noch recht preisgünstig.

Im folgenden nun einige Beispiel für Preise, wie sie im Herbst 1997 am Markt bezahlt worden sind:

Die gerade bei jüngeren Sammlern so beliebten Pins, die Anstecknadeln, werden zwischen 3 und 10 DM angeboten. Kronenkorken liegen ebenfalls bei rund 3 DM, wenn sie beispielsweise zu einer Gewinnspielserie gehören. Rote Tabletts mit Logomark werden zwischen 10 und 30 DM bewertet. Für Gläser zahlt man zwischen 5 und 20 DM. Die klassischen, geprägten Flaschen aus den fünfziger Jahren werden mit rund 20 DM gehandelt, gleich über 100 DM sind es bei den zylindrischen und ursprünglichen Sodaflaschen. Gelbe oder rote Transportkisten aus Holz sind für rund 70 DM zu haben. Die kleinen roten Rundschilder aus Email gibt es noch für 50 bis 100 DM, der Preis für ein großes Emailschild aus der Vorkriegszeit allerdings liegt bei etwa 2000 DM und für Vorkriegsplakate sogar über 3000 DM. Hier zeigt sich deutlich der Preissprung, wenn ein Artikel von zwei Sammlergruppen umworben wird: Die Emailschilder sind einmal bei den Coca-Cola-Freunden und dann bei generellen Emailschildsammlern gesucht. Und bei den Plakaten kommen zu den Coca-Cola-Sammlern die Plakat- und Druckgrafik-Sammler als Interessenten. Bei einer solchen Interessenhäufung kann schon mal ein Preis in einer Auktion »explodieren«; und einmal erreicht, wird der dann prompt immer wieder als Referenzpreis herangezogen ...

Emailschild ab Beginn der dreißiger Jahre.

Micky Waue, bekannter Auktionator und Emailschild-händler in Friedrichsdorf/Taunus, bot in seinem Sommerkatalog 1997 folgende Coca-Cola-Collectibles an:

Rundes Coca-Cola-Emailschild, rot mit grüner Flasche, gewölbt, 40 cm Durchmesser
Zustand 1-2 DM 1750.-

Rundes Coca-Cola-Türschild, Email, rot, gewölbt, 9 cm Durchmesser, Schrift: »Trink Coca-Cola«,
Zustand 0 DM 1050.-

Rundes Coca-Cola-Emailschild, rot, gewölbt, 47 cm
Durchmesser, Schrift:»Bevete Coca-Cola«,
Zustand 2   DM 400.-

Zum Vergleich:
Rundes Fanta-Emailschild, weiß, gewölbt, 40 cm Durch-
messer, rote Schrift:»Drink FANTA ORANGE«,
Zustand 0   DM 290.-

Rundes SPRITE-Emailschild, grün, gewölbt, 40 cm
Durchmesser, Schrift:»sprite sprankelfris«,
Zustand 1   DM 290.-

Anmerkung zu den Zustandsbeschreibungen bei Waue:

Zustand 0	Makelloses Schild
Zustand 1+	Fast makelloses Schild
Zustand 1	Bis auf kleine Rand- bzw. Lochbe-schädigungen einwandfreier Zustand
Zustand 2	Guter Allgemeinzustand, kleinere Abplatzer und Kratzer möglich
Zustand 3	Größere Verletzungen, Kratzer, Oberfläche kann leicht matt sein
Zustand 4	Grobe Schäden, auch im Motiv, Aus-risse, matte, auch blasse Oberfläche

Interessant ist der Preisvergleich von Coca-Cola-Schil-
dern mit den Werbeschildern der ebenfalls zur Coca-
Cola-Organisation gehörenden anderen Limonaden-
marken: Coca-Cola liegt weit an der Spitze.

Dosen sind im allgemeinen recht preisgünstig: Für das
Bundesligasortiment (18 Dosen) oder die Starserie (12
Stück, beispielsweise mit Otto und Bon Jovi) zahlt man **Der Wandkalender 1996.**

(leer und in Folie geschweißt) jeweils etwa 50 DM. Werbeuhren kosten um 250 DM; wer eine solche Uhr »richtig« einsetzen will, muß bedenken, daß die amerikanischen Modelle mit 110 Volt arbeiten.

Klassisches Blechspielzeug mit Coca-Cola-Design ist nicht gerade billig: Der beladene VW-Bulli des Nürnberger Herstellers Tipp & Co liegt bei 800 bis ca. 1800 DM, je nach Zustand. Der Spitzenpreis wird berechnet, wenn das Auto nahezu unbespielt und die Ladung komplett vorhanden ist und auch der Originalkarton noch den Schatz sichert. Der Matchbox-Coca-Cola-LKW wird mit rund 100 DM in den Katalogen der Modellautosammler angeboten.

Eine einfache *Blech-Kühlbox* mit Tragbügel, geliefert in den fünfziger Jahren, bekommt man um 300 DM. Soll es aber eine aufgeständerte Kühlbox aus dem deutschen Gründungsjahr 1929 sein, schlägt diese gleich mit rund 2500 DM zu Buche. Die großen Kühl- und Verkaufsautomaten aus den fünfziger Jahren (Vendo 449) kosten in gutem, betriebsfähigem Zustand zwischen 4000 und 5000 DM. Aber Stil hat es schon, wenn man so seine Gäste bewirten kann ...

Die Prognose

Die Preise für wirklich interessante oder alte Stücke werden in den nächsten Jahren deutlich steigen. Die wachsende Clubszene mit Börsen und Auktionen sorgt für mehr Interesse in der Öffentlichkeit. Es werden also mehr Interessenten am Markt auftreten, wobei dieser allerdings nicht mit einem größeren Qualitätsangebot (!) aufwarten kann.

Werbeausschnitt (Display) aus dem Jahr 1923.

Speziell für Sammler hergestellte Stücke (im Coca-Cola-Bereich) garantieren keinen Wertzuwachs, eher einen Verlust, wie Beispiele aus anderen Sammelbereichen hinlänglich beweisen. Wertsteigerungen sind zu erwarten bei Werbeschildern und allem, was zum »Gebrauch« von Coca-Cola benötigt wird. Also bei (Glas-) Flaschen, gemarkten Gläsern, Tabletts oder auch bei Kühlbehältnissen und Automaten. Trotz ihres Volumens sind die Automaten in der Preisspitzengruppe angesiedelt.

Flaschenradio

Soll es ein vollständiger Coca-Cola-Kalender aus dem Jahr 1910 sein, sind schnell 2000 DM auf dem Tisch, für eine wirklich originale Coca-Cola-Tischlampe im Tiffany-Design gar 10 000 $. Und »ganz oben« ist man damit in den USA noch lange nicht ...

Der Coca-Cola-Sammlermarkt bietet also für jede Geldbörse etwas. Man kann über ein Pin für fünf DM vielleicht ebenso viel Freude empfinden wie der Käufer eines Spiegels mit Coca-Cola-Schriftzug aus dem Jahr 1900 – der dann allerdings unter Umständen 4000 Dollar (!) auf den Tisch legen muß.
Gerade das macht dieses Sammelgebiet so interessant: Man kann ohne finanzielle Akrobatik viel Spaß und Freude daran haben. Aber auch daran soll noch einmal erinnert werden: Coca-Cola-Collectibles sind, wie viele andere Sammelgebiete auch, keine Garanten für steten Wertzuwachs!

**Olympiade Berlin
1936.**

Coca-Cola
und der Sport

Olympia ist nicht alles

Coca-Cola und der Sport. Zwei Begriffe, die eigentlich »schon immer« zusammengehörten. Das ist zumindest die Meinung der Coca-Cola Company und ihrer Konzessionäre weltweit. Olympia ist nicht alles – und so warb Coca-Cola schon 1905 in Anzeigen mit einem Baseballstar. Baseball, der amerikanische Nationalsport, und Coca-Cola waren in den Vereinigten Staaten schon seit Jahrzehnten nahezu identisch: Die Baseballhelden waren auch die Stars der Coca-Cola-Werbung. Aber American-Football oder Golf wurden ebensowenig vernachlässigt. In den dreißiger Jahren besaß die Coca-Cola Company sogar ein eigenes Baseballteam, vornehmlich als Werbeträger für Rundfunksendungen. Viele Stars des internationalen Sports wurden später Coca-Cola-Konzessionäre. Das deutsche Beispiel: Sportidol Max Schmeling, einst Boxweltmeister im Schwergewicht in den USA, erhielt nach dem Zweiten Weltkrieg eine Abfüll-Lizenz.

Die Verquickung von Coca-Cola und Olympia begann nicht etwa erst 1984 in Los Angeles, als Coca-Cola mit anderen Marken, vor allem mit McDonald's, gleichsam zum Mitveranstalter aufstieg.
Die 11. Olympischen Spiele in Berlin 1936 wurden zum ersten Höhepunkt der Coca-Cola-Werbung in Deutschland. Damals teilte sich Coca-Cola den Olympischen Erfrischungsdienst mit den deutschen Marken Afri-Cola und Sinalco-Cola. Für die Zulassung für Berlin bestand aber auch die Auflage, daß auf den Coca-Cola-Flaschen ein Hinweis angebracht werden mußte, daß

TRINK Coca-Cola

Durst kennt keine Jahreszeit

dieses Getränk Koffein enthält. Das war allerdings auch bei den beiden anderen Mitbewerbern der Fall.

Weitere frühe Beispiele für die Coca-Cola-Werbung im deutschen Sport sind die Deutsche Fußballmeisterschaft 1936, die Deutschlandrundfahrt der Radprofis und deren Veranstaltungen in den Folgejahren. Auf Coca-Cola-Plakaten stellte man den Sportfreunden die Frage: »Wer wird Deutscher Fußballmeister?« – Damals schon eine Frage von hohem Aufmerksamkeitswert.

Der bisherige Höhepunkt war die Olympiade 1996 in der Coca-Cola-Hauptstadt Atlanta. Angefangen aber hatte alles schon 1928 mit der Olympiade in Amsterdam. Mit den Spielen in der holländischen Hafenstadt begann die höchst effektive Werbetätigkeit des »Olympischen Erfrischungsdienstes« von Coca-Cola. Die Limonade aus Atlanta wurde das offizielle Erfrischungsgetränk für Athleten und Funktionäre in den Sportstätten und im Olympischen Dorf. Coca-Cola ist also bei Olympia allgegenwärtig. Die Coca-Cola-Farben Rot und Weiß sind bei der umfassenden Fernsehvermarktung stets im Bild.

Die Olympischen Spiele 1980 in Moskau wurden aus der Sicht der Coca-Cola Company zum Desaster: Der große Konkurrent Pepsi-Cola bekam zur Amtszeit von Präsident Richard Nixon, einem erklärten Pepsi-Fan, mit dessen Hilfe in der Sowjetunion die alleinige Lizenz für solche Getränke auf dem riesigen russischen Markt. Coca-Cola blieb zunächst draußen. Dann kamen die Moskauer Spiele und Coca-Cola sah eine Chance, mit seinem Olympischen Erfrischungsdienst doch noch einen Fuß in die Tür zum russischen Markt zu setzen. Doch diese Hoffnung hat sich nicht erfüllt, denn Präsident Jimmy Carter, eigentlich ein Befürworter von Coca-Cola, verhängte für die Athleten aus den USA eine Teilnahmesperre für die Olympischen Spiele in der sowjetischen Hauptstadt. Der Grund: Der Einmarsch der Roten Armee in Afghanistan. Neu für die Coca-Cola Company war hier die Tatsache, daß erstmals eine US-Regierung den Export von Coca-Cola verhindert hat. Bislang war das ganz anders, und Coca-Cola konnte immer auf die Politik Washingtons rechnen.

Sponsoring für Schulen und den Schulsport ist in Deutschland eine neues Betätigungsfeld für die Coca-Cola-Werber: In den Schulturnhallen hängen nun Transparente mit der Werbung für die Produkte der

Coca-Cola GmbH in Essen. Die große Ausnahme: Für das Urprodukt Coca-Cola wird dort nicht geworben! Fanta, Sprite - ja, nicht aber Coca-Cola! Wegen des Zuckergehalts befürchtet man Proteste der Eltern und engagierter Schulzahnärzte.

Die Beuys-Flasche in der Kiste.

Coca-Cola
und die Kunst

Einige Worte zuvor:

Gute Werbung alleine ist schon eine Kunst. Nämlich die Kunst, eine Ware so anzupreisen, daß sie einen großen Bekanntheitsgrad erreicht und auf Dauer viele Kunden findet. Wenn darüber hinaus noch die zur Produktwerbung eingesetzten Stilelemente einem gewissen künstlerischen Anspruch genügen, kann man von Werbekunst sprechen und diese im akademischen Sinn mit dem Begriff »Trivialkunst« belegen.

Der Coca-Cola-Werbung wird von Fachleuten durchweg das Attribut »Werbekunst« bescheinigt. Zum einen ist sie durchaus erfolgreich und zum anderen sind ihre Stilelemente für die Werbebranche oft richtungweisend geworden. – Aber darum geht es in diesem Kapitel gar nicht. Hier geht es um die sogenannte »akademische Kunst«, um die im Atelier konzipierte malerische oder gestalterische Kunst, stets mit Bezug auf Coca-Cola.

Die Coca-Cola-Symbole, die Flasche und der Schriftzug, fanden schon früh Eingang in die Malerei. Am Anfang stand wohl die Wiedergabe von Coca-Cola-Werbung an den Hausfassaden der Städte, wie sie beispielsweise der Amerikaner Edward Hopper (1882-1967) in seinen Bildern geschaffen hat. Hier ist auch der Kunstfotograf Walker Evans (1903-1975) zu nennen: Auf seinen in den dreißiger Jahren entstandenen Architekturaufnahmen findet man Coca-Cola-Motive relativ häufig.

Mel Ramos: Lola Cola, 1972.

Seitdem ist die Zahl der in der Kunst verwendeten Coca-Cola-Motive beträchtlich angewachsen. Deshalb kön- nen hier nur einige Beispiele genannt werden.

Berühmte Fotografen der jüngeren Zeit wie Helmut Newton haben sich ebenfalls mit dem Coca-Cola-Phänomen beschäftigt; oder ebenso bekannte Filmprodu-

zenten wie Billy Wilder in »Eins, zwei, drei« (1961) oder auch Andy Warhol in »Bad« (1976) und Wim Wenders in »Paris-Texas«, im Jahr 1984.

Natürlich fand Coca-Cola auch Eingang in die Literatur. Einige Beispiele hierzu: der amerikanische Romancier Thomas Wolfe in »Schau heimwärts Engel« bereits 1929 oder später dann in Deutschland Peter Handke in »Hilferufe« (1967) und Rolf Dieter Brinkmann in »Westwärts« aus dem Jahr 1975.

Andy Warhol: Plattencover

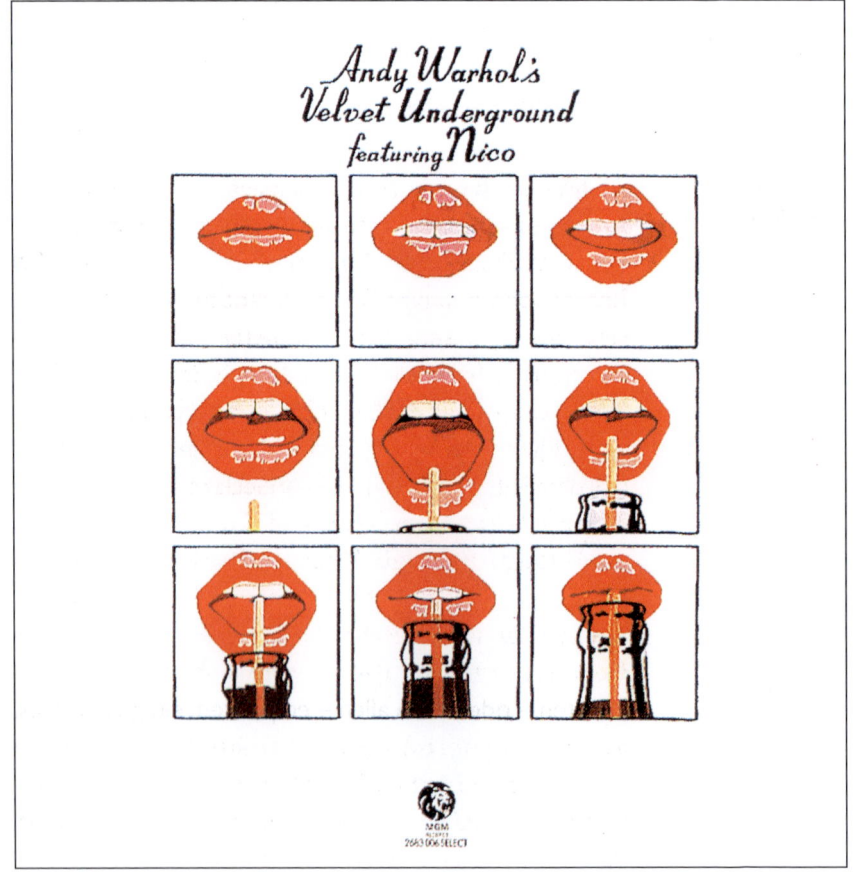

**Klaus Staeck:
»Zurück zur Natur«,
1985.**

Skulpturen mit der Flasche schufen beispielsweise der Amerikaner Charles Frazier oder auch Joseph Beuys. Popartist Frazier goß 1963 eine Coca-Cola-Flasche in Bronze, deren üppige Brüste geradezu hervorstechend sind. Er nannte sein 18,5 Zentimeter hohes Objekt sinnigerweise »American nude«. Joseph Beuys stellte eine kleine Coca-Cola-Flasche 1976 in eine passende Holzkiste, füllte vorher Kräutertee hinein und verschloß sie mit dem Patentverschluß. Ein dreieckiger Anhänger verkündete: »Bruno Corà-Tee« und »Lotta Continua Vera« sowie Joseph Beuys als Absender. Der Hintergrund dieses Objektes: Eine Kritik an Bruno Corà, damals Redakteur der sozialistischen italienischen Zeitung »Lotta Continua«. Mystiker Beuys wollte wohl damit dem Publizisten – oder eben allen – empfehlen, ein gesünderes, auf wahren (»vera«) Inhalten beruhendes Vorgehen im politisch-ideologischen Kampf zu bekunden. So interpretiert Christa Murken-Altrogge diese Beuys-Packung. Von diesem Objekt entstanden 40 Exemplare.

Die Popwelle der sechziger Jahre brachte eine Fülle von Bildern, Fotos und Skulpturen mit Motiven aus der Coca-Cola-Werbung. Stellvertretend sind hier die Amerikaner Mel Ramos und Andy Warhol zu nennen. Ramos mit »The Pause That Refreshes« (1967) oder »Lola-Cola« aus dem Jahr 1972. Warhol's grüne Coca-Cola-Flaschen (Green Coca-Cola-Bottles), gleich 112 an der Zahl, oder seine Bleistiftzeichnung mit der Coca-Cola-Flasche in der Campbell-Suppendose, beide aus dem Jahr 1962. Beide Künstler haben noch weit mehr Bilder mit Bezug zu Coca-Cola geschaffen.

Vorreiter dieser »Pop-Coca-Cola-Welle« war der Engländer Eduardo Paolozzi mit seiner bereits 1947 entstandenen Collage »I was a Rich Man's Plaything (Bunk)«. Neben einem Mädchenfoto und einem Flugzeug verarbeitete er auch eine Coca-Cola-Flasche und das rote Blechschild »Serve Coca-Cola at home«. Selbst der berühmte spanische Maler Salvadore Dalí fertigte 1974 eine Fotocollage mit einer Coca-Cola-Flasche für das Playboy-Magazin.

Coca-Cola, mit dem »American way of life« gleichgesetzt, eignete sich in den sechziger Jahren scheinbar vorzüglich zur Kritik an der Politik der USA, dem Vietnam-Krieg oder ganz allgemein an den Wertvorstellungen der westlichen Industriegesellschaft. Diese Momente findet man beispielsweise bei Klaus Staeck mit »Coca-Cola II« aus dem Jahr 1970, einem Siebdruck in einer Auflage von 100 Exemplaren. Staeck verwendete dazu ein Foto von der amerikanischen Mondlandung 1969, kombiniert mit dem Sternenbanner und einer Coca-Cola-Flasche mit deutscher Aufschrift. Ebenfalls von Staeck, aus dem gleichen Jahr, ein Siebdruck von 70 Exemplaren: Eine Kampfformation »Pennsylvania Guardsmen in Riot Control Training«, darüber spiegelverkehrt ein deutscher Coca-Cola-Kronenkorken,

Eduardo Paolozzi:
I was a Rich Man's
plaything (Bunk)
von 1947.

gleichsam als (»falsche«) Flagge. Jürgen Holtfreter reihte sich 1976 mit seinem Siebdruck ein: In der bekannten Iwo-Jima Soldatengruppe ersetzte er das Sternenbanner durch eine Coca-Cola-Flagge.

Seit der Pop-art ist Coca-Cola wie kein anderer Markenartikel mit der Kunst verbunden – bewundert als Phänomen oder mit dem geschätzten Reibwert; auf jeden Fall bleibt Coca-Cola auch in der Kunst im Gespräch. Christa Murken-Altrogge (siehe S. 248) brachte es auf den Punkt: »Coca-Cola und Pop, popular drink und popular art, sie greifen beide die Umgangssprache des Volkes auf, sie bieten sich als emotionale Kommunikationsbereiche von betont optischem und optimistischem Charakter an.«

Nach den kritischen sechziger Jahren verlor Coca-Cola den Reibwert für die jungen Künstler. Nicht daß die

Keith Haring: Andy Mouse, 1985.

right

Alexander Kosolapov:
Lenin Coca-Cola,
1981/82

Zahl der Coca-Cola-Objekte in der Kunst wesentlich gesunken wäre, nein – nur die »Luft war raus« und vieles geriet zum zweiten Aufguß. Staeck meldete sich noch einmal im Jahr 1985 zum Jubiläum »100 Jahre Automobil« mit einer Verfremdung von Edouard Manets »Das Frühstück im Freien« (1863) – »Zurück zur Natur«: Im Hintergrund, im Wald, ein Mercedes der S-Klasse, vorne im Bild eine Ansammlung leerer Coca-Cola-Dosen und eine markenneutrale Kühltasche.

Im Osten hatte man Nachholbedarf, auch in der Auseinandersetzung mit der Politik und Coca-Cola. Stellvertretend sei hier Alexander Kosolapov mit zwei Arbeiten aus den Jahren 1981 und 1982 erwähnt. Seine frühe Arbeit läßt Lenin »IT'S THE REAL THING« auf der Roten Fahne zitieren, das zweite Kosolapov-Bild zeigt Molotov und eine Arbeiterfaust mit einer vollen Coca-Cola-Flasche und glimmender Lunte. Ein Molotov-Cocktail, wie »treffend«. Denn ohne Zweifel: Coca-Cola und das damit gedanklich verbundene Lebensgefühl des Westens war Sprengstoff im Osten.

right

243

Glossar

Advertisings Werbeobjekte

Box Behälter, Karton, Verpackung, Kühltruhe

Coca abgeleitet vom Cocastrauch (Cocablätter); Kurzform für Coca-Cola

Coca-Cola-Dope »Doping«, ursprüngliche Coca- und Cola-Wirkung

Coke zweite Schutzmarke von Coca-Cola

Cola abgeleitet von Colanuß (koffeinhaltig)

Collectibles Sammelgegenstände

Cooler (elektrisches) Kühlgerät für Coca-Cola

Design Entwurf, Gestaltung, Technik

Email/Emaille Schmelzglas, glasharter farbiger Überzug, wird auf Metall aufgeschmolzen

Fountain-Saloon früher Limonaden-Saloon in den USA; erster Coca-Cola-Verkauf

Franchisesystem Lizenzsystem zum Betrieb einer Firma innerhalb einer Kette mit identischem Herstellungsprofil

Hutchinson-Flasche erste zylindrische Coca-Cola-Flasche

Koka Kurzform für Kokastrauch

Konzessionär Lizenznehmer, hier: Abfüller

Kron(en)korken Flaschenverschluß aus Metall

Kronenkorken-Kobold Werbefigur zur Vorkriegs- und ersten Nachkriegszeit: »Coca-Cola ist wieder da«.

Logomark viereckiges Coca-Cola-Schild mit der Wellenlinie (»Swinging-line«), seit 1970 weltweit im Gebrauch

Novelty-Shops Sammler-Shops der Coca-Cola-Konzessionäre

PET Polyäthylen, thermoplastischer, säure- und laugenbeständiger Kunststoff (T=Teraphtalat)

Pin Anstecknadel

Pop-art moderne Kunstrichtung, sechziger Jahre

Prohibition staatliches Alkoholverbot, USA
1920-1933

Samuelson-Flasche Die (un)endlich gültige
Konturenflasche mit dem »sexy Hüftschwung«

Six Pack Sechser-Pack, Träger mit sechs Flaschen

Slogan Schlagwort, Werbespruch

Soft Drink alkoholfreies, »weiches« Getränk

Swinging-line Wellenlinie, charakteristische,
geschwungene Linie in der Coca-Cola-Werbung.
Entstand als Lichtspalt zwischen zwei gegenein-
ander liegenden Coca-Cola-Flaschen.

The Real Thing Das einzig Wahre, eben Coca-Cola!
Ein Werbeslogan

Tiffany Glasmanufaktur in den USA. Eine Tiffany-Vase
soll Vorbild für die Konturenflasche gewesen sein.
Auch Coca-Cola-Tiffanyglas oder -lampe.

Trademark Handelsmarke, (eingetragenes)
Warenzeichen

Trivialkunst Alltagskunst

World of Coca-Cola Werksmuseum in Atlanta,
Georgia, USA

X 7 Pembertons »Geheimformel«

Frisbeescheibe

Bibliographie

Coca-Cola-Company: *The Chronical of Coca-Cola since 1886.* Atlanta, USA 1986

Coca-Cola GmbH: *Coca-Cola-Nachrichten*, ab 1986 unter dem Titel *Coca-Cola-Journal.* Hauszeitschrift, div. Jahrgänge, Essen

dies.: *50 Jahre Coca-Cola in Deutschland.* Essen 1979

Biedermann, Ulf: *Ein amerikanischer Traum, Coca-Cola.* Hamburg 1985

Fritz, Helmut: *Das Evangelium der Erfrischung, Coca Colas Weltmission.* Reinbek 1985

Kahn, E. J.: *The big drink.* New York 1960

Murken-Altrogge, Christa: *Werbung, Mythos, Kunst, am Beispiel von Coca-Cola.* Tübingen 1977

Pendergrast, Mark: *Für Gott, Vaterland und Coca-Cola.* Himberg/Wien 1993

Schröder, Michael; Galerie 70: *Coca-Cola, Macht, Mythos, Kunst.* Berlin 1983

Weiser, Michael: *Coca-Cola – Sammelgebiet mit Zukunft.* In: *Sammler Journal* 10/84 und 2/85, Schwäbisch Hall

Weitere Informationen finden Sie in Prospekten, Publikationen, Werbemittelkatalogen usw., hg. von der Coca-Cola Company Atlanta, USA oder der Coca-Cola GmbH, Essen sowie in Katalogen der Modellauto- und Modellbahnhersteller und in Versandhauskatalogen.

Kataloge

Goldstein, Helen und Shelly: *Coca-Cola-Collectibles*, Sammlerkataloge. Woodland Hills/USA, 1971 ff.

Zec, Peter (Hg.): *Mythos aus der Flasche. Coca-Cola Cultur im 20. Jahrhundert.* Essen 1994

Der Wandkalender 1997.

Dank

Ich bedanke mich bei allen Coca-Cola-Freunden, die mir mit Rat und Tat zur Seite gestanden haben.

Ganz besonders danke ich
der Coca-Cola Company in Atlanta/USA,
der Coca-Cola GmbH in Essen, hier namentlich Frau Karin Degner,
Herrn Franz-Herbert Heydt und der Firma H. Heydt Markengetränke in Osnabrück,
Herrn Willi Zimmer und der Firma Peter Herdt & Söhne in Offenbach am Main,
Ihnen allen gebührt mein Dank für Informationen und Hilfe bei der Beschaffung der Abbildungen.

Botho G. Wagner

Bild- und Fotonachweis:

Register

Bücher für Sammler und Liebhaber

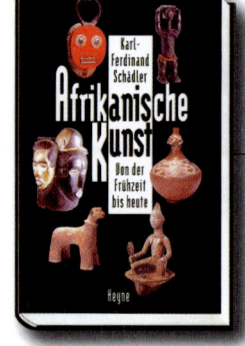

Karl-Ferdinand Schädler
Afrikanische Kunst
Von der Frühzeit bis heute
427 Seiten
ISBN 3-453-13045-6

Sabine Kurz
Mary Sue Packer
Strass
Internationaler Modeschmuck
von den Anfängen bis heute
234 Seiten
ISBN 3-453-13044-8

Erika Casparek-Türkkan
Teddybären
Vom Kuscheltier zum
begehrten Sammlerobjekt
Die Entstehungsgeschichte
des Teddybären von den
Anfängen bis heute
268 Seiten
ISBN 3-453-13863-5

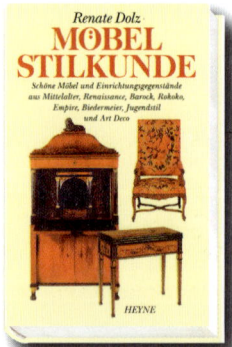

Renate Dolz
Möbelstilkunde
Schöne Möbel und Einrichtungs-
gegenstände aus Mittelalter,
Renaissance, Barock, Rokoko, Empire,
Biedermeier, Jugendstil und Art Déco
336 Seiten
ISBN 3-453-13046-4

Ebenfalls bei Heyne in dieser Reihe erschienen:
Albrecht Bangert / Peter Ellenberg, **Thonet Möbel**, ISBN 3-453-13047-2
Philip Boyle, **Englische Möbel**, ISBN 3-453-13861-9
Fritz von Osterhausen, **Taschenuhren**, ISBN 3-453-13048-0

HEYNE